MHK

模拟试题（一）

（ 三 级 ）

卷 Ⅰ

注 意 事 项

一、**MHK**（三级）考试试卷分为卷Ⅰ和卷Ⅱ两部分：

1. 卷Ⅰ为客观选择题，每题都有四个供选择的答案，要求在答题卡上画出代表正确答案的字母，每题只能画一横道，如 **[A]** ■ **[C]** **[D]**，多画作废。

   请考生注意：卷Ⅰ使用阅读机阅卷，答案必须用铅笔画在答题卡上，不能写在试卷上。

   卷Ⅰ包括三项内容，共 95 题。

   （1）听力理解（40 题，约 30 分钟）

   （2）阅读理解（40 题，45 分钟）

   （3）书面表达（15 题，10 分钟）

2. 卷Ⅱ为书面表达主观题（作文），35 分钟。内容用黑色钢笔或签字笔写在答题卡的方格内。

   全部考试时间约 120 分钟。

二、注意每部分试题的答题说明，严格按照说明的要求，在规定的时间内回答问题。

三、严格遵守考试规则，听从主考人员的指挥。考试结束后，必须把试卷和答题卡放在桌子上，等监考人员收回、清点后，才能离场。

一、听力理解

（40 题，约 30 分钟）

第 一 部 分

说明： 1～15 题，这部分试题，都是两个人的简短对话，第三个人根据对话提出一个问题，请你在四个备选答案中选出唯一恰当的答案。

例如： 第 8 题，你听到：

第一个人说：……

第二个人说：……

第三个人说：……

你在试卷上看到四个答案：

A 衬衫　　**B** 毛衣　　**C** 裤子　　**D** 鞋子

第 8 题唯一恰当的答案是 **C**，你应该在答题卡上找到号码 8，在字母 **C** 上画一横道。横道一定要画得粗一些，重一些。

8［**A**］　［**B**］　[redacted]　［**D**］

1. **A** 王刚是一位明星
   B 王刚知道一点儿
   C 王刚什么都知道
   D 王刚读过百科全书

2. **A** 夫妻
   B 兄妹
   C 朋友
   D 父女

3. **A** 老师
   B 记者
   C 农民
   D 军人

4. **A** 唱歌
   B 跳舞
   C 睡觉
   D 看电视

5. **A** 很骄傲
   B 很敬佩
   C 很高兴
   D 不服气

6. **A** 网吧
   B 打印店
   C 文具店
   D 会议室

7. **A** 吃鱼
   B 吃鸭
   C 随便
   D 没胃口

8. **A** 天气
   B 起床
   C 晨练
   D 太极拳

9. **A** 北京以前更冷
   B 北京去年不太冷
   C 北京去年是最冷的
   D 北京历史上没有冷的时候

10. **A** 医生
   B 患者
   C 药店老板
   D 药店店员

11. **A** 自己家
   B 爷爷奶奶家
   C 丈夫的父母家
   D 自己的父母家

12. **A** 医生
   B 护士
   C 服务员
   D 营业员

13. **A** 同意
   B 反对
   C 随便
   D 夸奖

14. **A** 他不怕考试
   B 他不喜欢复习
   C 他平时学得好
   D 他不着急复习

15. **A** 男的女的都开车
   B 男的女的都走路
   C 男的走路，女的开车
   D 男的开车，女的走路

第 二 部 分

说明： 16～40 题，这部分试题中，你将听到几段简要的对话或讲话。每段话之后，你将听到几个问题，请你在四个书面答案中选出唯一恰当的答案。

例如： 第 25～27 题，你听到：

第一个人说：……

第二个人说：……

……

第三个人根据这段对话提出三个问题：

25. 问：……

你在试卷上看到四个答案：

A 饭馆　　**B** 邮局　　**C** 商店　　**D** 路口

根据对话，第 25 题唯一恰当的答案是 **A**，你应该在答题卡上找到号码 25，在字母 **A** 上画一横道。横道一定要画得粗一些，重一些。

25 ▬　　［**B**］　　［**C**］　　［**D**］

你又听到：

……

27. 问：……

你在试卷上看到四个答案：

A 寄信　　**B** 打电话　　**C** 取包裹　　**D** 买报纸

根据对话，第 27 题唯一恰当的答案是 **D**，你应该在答题卡上找到号码 27，在字母 **D** 上画一横道。横道一定要画得粗一些，重一些。

27［**A**］　　［**B**］　　［**C**］　　▬

如果是一段讲话，在播放完讲话后，提出几个问题。

16. **A** 不上课
    B 不听话
    C 上课玩儿手机
    D 家长管教不够严格

17. **A** 学习成绩
    B 严格的管教
    C 听大人的话
    D 培养良好的习惯

18. **A** 学校
    B 公司
    C 家里
    D 公交车上

19. **A** 夫妻
    B 同事
    C 朋友
    D 亲戚

20. **A** 傲慢
B 粗鲁
C 冷漠
D 平和

21. **A** 他想向女的道歉
B 他想和女的约会
C 他想和女的聊天儿
D 他离女的的单位近

22. **A** 校园
B 超市
C 艺术学院
D 培训机构

23. **A** 学舞蹈
B 学艺术
C 给孩子报兴趣班
D 给孩子报课业辅导班

24. **A** 舞蹈班每节课 100 元
B 上课时间只有一个选择
C 上课的老师都是大专毕业生
D 男的给女的介绍了收费标准

25. **A** 医生
B 护士
C 护工
D 康复师

26. **A** 重症
B 轻症
C 绝症
D 无症状

27. **A** 他只做日常护理
B 他是金银潭医院的员工
C 他的康复方法效果不明显
D 他是一个乐观、坚强的人

28. **A** 医者仁心
B 抗疫日记
C 抗疫战士唐光明
D 重症患者康复方法

29. **A** 新建学校楼宇
B 购买科研设备
C 奖励优秀学生
D 设立教育基金

30. **A** 3 个月
B 1 小时
C 一整天
D 1.5 小时

31. **A** 富丽堂皇
B 格调高雅
C 艰苦朴素
D 简约大方

32. **A** 清高孤傲
B 十分小气
C 独断专行
D 甘于奉献

33. **A** 女性驾驶汽车不安全
B 女性不擅长驾驶汽车
C 女性是汽车市场的新动力
D 驾驶时间和路段适合自动驾驶

34. **A** 70% 以上的女性在城市里驾车
B 女性对安全和舒心驾驶有需求
C 多数女性每天驾车超过两小时
D 少部分女性认为无人驾驶是趋势

35. **A** 生物和环境的关系
B 自动驾驶相关政策、法规
C 技术创新与汽车销量的关系
D 自动驾驶行业以及社会环境

36. **A** 女司机的未来
   B 汽车行业的春天
   C 无人驾驶要来了
   D 汽车行业的未来

37. **A** 弱
   B 强
   C 极强
   D 适度

38. **A** 紧张能代替运动
   B 紧张能让大脑兴奋
   C 紧张能让心跳加快
   D 紧张能促进关节活动

39. **A** 紧张可以让所有人延长寿命
   B 适度紧张可以让人体免除疾病
   C 心脏病患者要时刻保持紧张的状态
   D 适度紧张的人寿命比普通人相对要长

40. **A** 反对
   B 中立
   C 赞成
   D 无所谓

二、阅读理解

（40 题，45 分钟）

说明：41 ～ 80 题，每段文字后都有几个问题，每个问题都有 **ABCD** 四个答案，请你阅读后根据每题要求选择唯一恰当的答案，并在答题卡的相应字母上画一横道。

41

“中国好手艺展”每两年举办一次。这项活动得到工美爱好者的广泛支持，上至 90 高龄的手工艺人，下至在校学生都踊跃提交作品。最终，组委会历时 7 个月，从全国 2000 余件申报作品中遴选出“中国好手艺”作品 100 件奉献给广大观众。

【41】文中画线词语拼音正确的一项是：

A 支持（zīchí）
B 踊跃（yǒngyuè）
C 遴选（línxiǎn）
D 奉献（fèngxàn）

42 ～ 44

夏季的内蒙古草原风和日丽，空气清新。随着呼伦贝尔大草原全面返青，__42__呼伦贝尔大草原核心区的牧云山顶也迎来了一年中最美丽的时节。

在这个季节，请到陈巴尔虎草原的莫日格勒河畔、牧云山下，让已经流淌了千年的__43__的河水涤荡你的身心，将蓝天白云揽入你的怀抱，让夏季的风温润你的面颊。或是选一处炊烟袅袅的蒙古包，看牛羊漫步，听百灵鸟欢唱；又或者什么都不做，只静静体味时间流逝，在草原上的日升日落、云卷云舒中__44__一身的疲惫与压力。

【42】文中__42__处应该填写的词语是：

A 关于
B 在于
C 至于
D 位于

【43】文中__43__处应该填写的词语是：

A 清新
B 清澈
C 清洁
D 清爽

【44】文中__44__处应该填写的词语是：

A 释放
B 解放
C 排放
D 安放

45 ～ 47

小时候看月亮，我总觉得月亮神秘而美丽，于是仰头去追，可是我越追，月亮越是躲着我。母亲见了，对我说："孩子，为什么要去追呢？如果你一心赶路，月亮自然会跟着你。"

一天，我赶夜路回家，__45__想起了母亲的那句话，于是回头看了一眼天上的月亮，发现月亮果然一路跟在我的身后。

长大后，我从这件事中悟出了一个道理：如果把月亮比作一份荣耀，那么我们越是想着荣耀，越是贪婪地去追逐荣耀，荣耀__46__会远离我们；如果我们能一心赶路，把人生之路走得更稳、更好，把事情做得更__47__、更成功，属于我们的荣耀自然便会不期而至。

【45】文中__45__处应该填写的词语是：

A 突然
B 竟然
C 果然
D 自然

【46】文中__46__处应该填写的词语是：

A 反之
B 然而
C 反而
D 而是

【47】文中__47__处应该填写的词语是：

A 糟糕
B 完美
C 一般
D 坚持

48 ～ 50

在北京科技周展览现场，记者看到了时速可以达到250公里以上的货运“复兴号”动车组___48___。与客运动车组不同的是，货运动车组把乘客的座位换成了一个个可以移动的货仓。这款新型的货运“复兴号”动车组适用于600～1500公里中长距离的快速货物运输。在未来，这对于___49___铁路物流服务具有重要意义。

除了货运动车组，客运动车组也将有新型列车投入使用。比如在京张高铁上的智能化动车组，将首次采用中国自主研发的北斗卫星导航系统，并在全球首次___50___时速350公里自动驾驶，将拥有车站自动发车、车站区间自动运行、到站自动停车、车门自动防护以及车门和站台门联动五大功能。列车内部将全覆盖无线网络，设置滑雪板存放处、轮椅固定装置等便民设施。

【48】文中___48___处应该填写的词语是：

A 模具

B 模型

C 模子

D 模特

【49】文中___49___处应该填写的词语是：

A 展览

B 开始

C 开展

D 进展

【50】文中___50___处应该填写的词语是：

A 实现

B 落实

C 展现

D 兑现

51 ～ 53

民族的就是世界的。“讲好中国故事”需要不断在我国历史文化长河中挖掘宝藏。我们需要借助新媒体、新技术让传统文化活起来、“潮”起来、火起来，让饱含文化创新元素的优质内容成为__51__链条上的“爆点”。例如，河南卫视是老牌传统电视平台，面对新媒体的崛起，其__52__几乎是所有电视台的缩影。然而，河南卫视凭借丰富厚重的文化资源优势，以创新的姿态主动拥抱融媒体。春晚节目《唐宫夜宴》和端午节特别节目《洛神水赋》创新了影视艺术美学对外传播的形式，让中华文化通过奇观视觉走出国门。由此可见，走向纵深式发展的当代媒体不应一味追求大而全、广而多的传播效果，而应充分__53__视频网站垂直题材的分众开发功能的优势。

【51】文中__51__处应该填写的词语是：

A 传染

B 传播

C 传统

D 散播

【52】文中__52__处应该填写的词语是：

A 处境

B 环境

C 境界

D 周围

【53】文中__53__处应该填写的词语是：

A 发展

B 发现

C 发明

D 发挥

54 ～ 55

据介绍，荷花有观赏品种和食用品种之分。和食用类荷花相比，观赏类荷花的品种多，花朵颜色丰富，花瓣造型各异。观赏品种的荷花也有“短处”：其荷叶比食用品种的小；莲蓬内的莲子数量比食用品种的少，有的甚至是空的，比如千瓣莲；莲藕比较细，嚼起来口感很老，藕丝的渣特别多，而食用品种的莲藕肥大、嫩脆。

要想把荷花变成美食，选材很关键。因此，食用品种的荷花在选材上大有讲究。以上海本地的田藕为例，这种藕短、粗，吃起来太粉、粘牙。

上海的李师傅近年来为了筹备“荷香盛宴”，跑遍全国，在山东马踏湖找到了一种白莲藕。这种藕在当地又称“新藕”，洁白如玉，又细又长，鲜嫩甜脆且多汁，可以直接当水果生吃，用来加工菜肴再适合不过。

【54】食用类荷花的优点是：

A 荷叶较小

B 颜色丰富

C 莲藕嫩脆

D 品种较多

【55】根据本文，下列说法正确的是：

A 观赏类荷花讲究选材

B 田藕有甜、脆的口感

C 观赏类荷花的莲子更多

D 白莲藕适合用来做菜肴

56 ～ 58

我们现在形容女子貌美都爱用“沉鱼落雁”“闭月羞花”之类的成语。其实，“沉鱼落雁”典出《庄子·齐物论》，根本就不是形容女子漂亮。

且看原文：“毛嫱丽姬，人之所美也；鱼见之深入，鸟见之高飞，麋鹿见之决骤。四者孰知天下之正色哉？”庄子这段话的意思是说：毛嫱、丽姬是众人欣赏的美女；但是，鱼见了她们就潜入水底，鸟见了她们就飞到高空，麋和鹿见了她们就赶紧逃跑。这四者，谁知道天下真正的美丽是什么？

鱼见了美女潜入水底，不是因为羞愧，而是因为害怕；鸟见了美女就高飞，不是因为自卑，也是因为害怕；麋和鹿见了美女就逃跑，同样不是因为比美失败而懊恼，仍然是因为害怕。换句话说，它们是因为不懂得美才导致了“沉鱼落雁”的结果。所以庄子才会说，谁知道什么是真正的美丽呢？

【56】根据本文，下列说法正确的是：

A 鱼、鸟、麋、鹿能分辨女子的容貌

B 鱼、鸟、麋、鹿见了美女都会害羞

C 现在不用“闭月羞花”形容女子美了

D 鱼、鸟、麋、鹿见到美女逃跑是因为害怕

【57】本文想告诉我们：

A 成语的意思会一直发生变化

B 我们要辩证看待女子的美貌

C 长相普通的人也能“沉鱼落雁”

D“沉鱼落雁”原本不是形容美貌

【58】本文最有可能选自：

A《文学评论》

B《咬文嚼字》

C《商界时尚》

D《科学世界》

59 ～ 61

陶凤英是广西金秀瑶族自治县忠良乡山界教学点的老师。20 世纪 80 年代，作为为数不多的高中毕业生，陶凤英回到家乡当上了乡村教师。那时，当地学生辍学严重。深知知识重要的陶凤英挨家挨户做家长们的思想工作。为了让家长们放心，陶凤英向他们承诺："把娃给我，我会把他们教好！" 就这样，她把一个个适龄孩子带进了学校。

35 年来，陶凤英先后在大山里的 9 个教学点工作过，离家最远的教学点要走 3 个小时的山路。在这些教学点，她既是老师，又是炊事员和保姆。尽管条件艰苦，但是为了大山里的孩子们，陶凤英始终选择坚守。

陶凤英的坚守让许许多多的孩子走出了大山，她也因此赢得了广泛的赞誉。2019 年 5 月，陶凤英登上了"中国好人榜"。

回望这 35 年，陶凤英说，她无怨无悔，她始终没有忘记当初向家长们许下的诺言，没有忘记自己教书育人的初心。

【59】陶凤英为什么要向学生家长做出承诺？

A 她有高中文凭

B 取得家长信任

C 家长不想上学

D 学生不爱读书

【60】陶凤英坚守承诺的目的是什么？

A 教好学生

B 走出大山

C 赢得赞美

D 登上"中国好人榜"

【61】陶凤英是个什么样的人？

A 不畏艰难的人

B 爱学生的老师

C 坚守初心的人

D 以上三项都包括

62 ～ 64

很多人喜欢早上冲个澡，为一天带来清醒的感觉，或者晚上睡觉前冲澡，让自己休息得更好，还有人早晚都有洗澡的习惯。不过，专家对那些勤快又爱干净的人发出警告：每天洗澡可能会增加感染的风险。

根据传染病专家的说法，洗澡过度会减少皮肤的水分，导致皮肤干燥开裂，细菌被“放行”进入体内。洗澡会去除皮肤上的天然油脂，可能会破坏支持人体免疫系统的好细菌。所以专家建议大多数人一周洗一两次澡就足够了。我们的身体天生就是一台运转良好的机器，大多数人不仅没必要每天洗澡，而且洗澡时也没必要过度清洁，不必浑身都打上肥皂或浴液，而是应当关注一些可能会有体味的部位，比如腋窝。科学家通过大量实验发现：过度清洁的习惯影响了人们体内的微生物数量，过度清洁身体会破坏健康的细菌和病毒，反而会增加感染的风险。相比洗澡，人们更应该重视洗手和洗衣服，特别是洗衣服，因为衣服是死皮细胞的“收集器”，“周边”干净才能够减少人们患病的风险。

【62】每天洗澡会增加感染风险的根本原因是：

A 增加皮肤水分

B 减轻皮肤干裂

C 影响人体的细菌数量

D 破坏支持人体免疫系统的好细菌

【63】根据本文，下列哪种清洁习惯比较科学？

A 早晚都冲个澡

B 每周洗澡一两次

C 每月洗澡一两次

D 洗澡时浑身打上清洁用品

【64】最适合做本文标题的一项是：

A 该如何洗澡

B 少洗澡的益处

C 洗澡过多会帮倒忙

D 经常洗澡益于健康

65 ～ 68

鱼肉中富含大量优质蛋白质，不仅营养丰富，而且吃起来细腻嫩滑，容易消化。有研究发现，相比男性来说，女性更适合吃鱼。除了不易发胖外，吃鱼还有很多益处。

一、可有效预防胎儿早产。科学家发现，鱼肉中富含 omega-3 脂肪酸，经常吃鱼的孕妇出现早产的可能性远低于平时不吃鱼或很少吃鱼的孕妇。他们还发现，孕妇每周吃一次鱼，早产的可能性仅为 1.9%，而从不吃鱼的孕妇早产的可能性为 7.1%。因此研究人员认为，omega-3 脂肪酸对防止女性早产可能有很大作用。

二、预防乳腺癌。有研究称，相比内陆国家，日本、韩国、冰岛等沿海国家女性的乳腺癌发生率较低，这与她们经常食用深海鱼类有很大关系。研究人员发现，鱼肉中含有的 omega-3 脂肪酸和人体所需的氨基酸可有效抑制癌细胞的形成，从而阻止癌细胞繁殖与扩散。女性如果每周吃两次鱼，可大大降低乳腺癌的发生率。

三、预防糖尿病并发症。患糖尿病的女性发生心血管疾病的危险性很高。但有研究表明，女性糖尿病患者吃鱼的频率越高，发生心脏病的可能性就越小；相比很少吃鱼的女性，每周吃鱼 5 次以上的糖尿病患者，心脏病的发病率可降低 64%。

四、预防中风和心血管疾病。有研究人员对 8 万名 34 ～ 35 岁的女性进行跟踪调查，多年后发现，如果女性每周平均吃 5 次鱼，中风的发病率可减少 52%。

五、减缓痛经。有科学家让有痛经史的女性每天吃两克鱼油，三个月后发现，她们的痛经症状得到明显改善。专家认为，鱼油（包括鱼类）富含的 omega-3 脂肪酸对痛经有缓解作用，有痛经症状的女性想要多摄入这种脂肪酸，最好的方法就是常吃鱼，比如深海鲑鱼、鲔鱼等。

当然，吃鱼虽然有很多好处，但并不是所有人都适合吃。比如患有肝硬化、结核病、痛风以及出血性疾病（包括血液病）的人就不宜吃鱼。另外，有些孕妇如果对鱼类过敏也要谨慎，最好不要服用鱼油或鱼肉制品，否则容易增加出血概率。

【65】根据本文，女性比男性更适合吃鱼的主要原因是：

A 女性不容易过敏

B 女性吃鱼才能补充营养

C 男性吃鱼对身体没有益处

D 吃鱼不易发胖且对女性益处很多

【66】根据本文，鱼肉中对预防孕妇早产有重要作用的物质是：

A 蛋白质

B 氨基酸

C 优质蛋白质

D omega-3 脂肪酸

【67】根据本文，下列说法正确的是：

A 鱼肉能抑制癌细胞繁殖

B 经常吃鱼的女性不会中风

C 经常吃鱼能让痛经症状消失

D 阿富汗女性乳腺癌发生率可能较低

【68】最适合做本文标题的一项是：

A 吃鱼有利于胎儿成长

B 对鱼过敏的人不宜吃鱼

C 女性常吃鱼肉好处多多

D 鱼肉营养丰富且容易消化

69 ～ 72

如今，很多人长时间使用手机、电脑等电子产品后会出现眼睛干涩、酸胀、视物模糊等视疲劳症状。一个重要原因就是眼睛长期近距离看东西，使得睫状肌持续收缩，造成睫状肌痉挛。

目前，市面上一款可缓解视疲劳的眼镜受到了广大消费者的欢迎，它采用渐进多焦点镜片，通过重建眼睛调节的微波动，使视觉系统恢复调节与集合的平衡，减少佩戴者眼睛的负荷，从而缓解疲劳，产生自然、舒适的视觉体验。

研究发现，抗疲劳眼镜更适合 20 ～ 40 岁左右的人群，特别是中年人。因为随着年龄的增长，中年人群眼睛的功能、睫状肌和晶体的弹性都会不同程度地下降，眼睛要么集合过度，要么调节不足。这类人群想要通过视觉训练恢复视力，难度相对较大。而抗疲劳镜片恰恰能够减轻眼睛的调节负担，提高用眼舒适度。

需要注意的是，儿童和老年人要谨慎使用。对很多儿童来说，长时间佩戴抗疲劳眼镜容易出现眼睛看近处时调节需求减弱、分开功能加强和集合下降等症状，从而导致视疲劳；对老年人来讲，老花比较严重、双眼屈光度相差较大、高度近视、散光或明显斜视的人群佩戴抗疲劳眼镜的意义也不是很大。

专家建议，选购抗疲劳镜片时，大家一定要到正规的医疗机构做眼部的全面检查，了解眼睛屈光度和视功能状态后，在专业眼科医生的指导下选择。倘若眼镜和眼睛实际需求有偏差，再昂贵的镜片也不会舒适。除此之外，在使用时，千万不要以为戴上抗疲劳眼镜就可以无所顾忌地长时间上网和玩儿游戏。这些行为除了会加重眼睛集合疲劳和引起固视能力下降外，还会引发“视频终端综合征”，导致颈、肩、腕等功能障碍和神经衰弱症状。因此，长时间看电子屏幕的人群应每隔 40 ～ 50 分钟休息一下，在室内走走或者向远方眺望；眼睛与电子屏幕最好保持 40 厘米以上的距离；屏幕不要过亮；室内光线不要太暗。这些都是缓解视疲劳的好方法。

【69】根据本文，视疲劳产生的重要原因是：

A 长时间看东西

B 长时间近距离看东西

C 没有佩戴抗疲劳眼镜

D 眼睛干涩、酸胀、视物模糊

【70】抗疲劳眼镜是怎样缓解视疲劳的？

A 调节视觉神经系统

B 减少人们上网的时间

C 减少佩戴者眼睛的负荷

D 重新建立眼睛调节的微波动

【71】抗疲劳眼镜不适合所有人的原因是：

A 老年人群双眼屈光度相差太小

B 儿童长时间佩戴容易诱发近视眼

C 中年人眼睛功能可以实现自我恢复

D 不同人群眼睛的功能、睫状肌和晶体的弹性不同

【72】根据本文，下列说法正确的是：

A 手机、电脑等屏幕的亮度越低越好

B 不常使用电子产品的人无须佩戴眼镜

C 佩戴了抗疲劳眼镜仍应注意适当休息

D 购买抗疲劳眼镜时应选择昂贵的镜片

73 ～ 76

大量研究表明，睡眠及睡眠障碍与心脑血管疾病、糖尿病、呼吸疾病等多种慢性疾病密切相关。睡眠不足，轻者可影响人的注意力、判断力等，长期睡眠不足可增加罹患心脏病、高血压、抑郁症等疾病的危险，直接危害人体健康，重者还会增加死亡的风险。

有专家表示，近年来，精神类疾病发病率持续增高，缺乏睡眠是帮凶之一。长期睡眠不足可能与所有的精神疾病有关，有些情况下，二者甚至互为因果，即睡眠不足引发精神障碍，精神障碍又会让人睡不着、睡不好，从而形成恶性循环。长期睡眠不足，可能引发抑郁症、焦虑症等疾病，儿童阶段长期睡眠不足甚至可能诱发智力发育迟缓或心理问题等。

为什么睡眠不足会带来一系列隐患？专家表示，人的大脑需要一定的兴奋和抑制节律调节来保障其活动的正常运行。长期睡眠不足会破坏这种节律，引起大脑运作不畅，从而使人意识不清醒、思维迟缓并引发情绪不良，甚至还可能导致精神失常。有关研究发现，长期睡眠不足的人患抑郁症、焦虑症、自杀的风险是普通人群的 1.4 倍以上。

睡眠不足有隐患，睡得过多也不见得是好事，然而很多人还没有意识到这个问题。医学上有一种以睡眠过多为主要特征的病症——嗜睡症。患者经常会不分场合地表现出困乏睡意，出现不同程度、不可抗拒的入睡，白天睡眠过多或睡眠后达到完全觉醒状态的过渡时间延长等症状。过多的睡眠不仅会降低人们的工作和生活质量，也会导致认知功能方面的退化，如近事记忆减退、思维能力下降、学习新事物能力下降等。

很多人在日常生活中并未意识到睡眠的重要性，睡眠相关的医疗资源和人才储备也相对匮乏。中国睡眠研究会副理事长张希龙曾指出，近 10 年间，中国的睡眠中心建设有了快速发展，但总体来说，专业的医师技师资源仍非常缺乏，相对落后于社会的需求。拥有全职睡眠医生和技师的医院也只占总量的 16%，所以睡眠医学事业任重而道远。

【73】关于睡眠不足的影响，下列说法正确的是：

A 睡眠不足轻者无须在意

B 睡眠不足重者会很快死亡

C 睡眠不足可能会引发抑郁症

D 儿童基本不存在睡眠不足问题

【74】睡眠不足会给人带来一系列隐患的根本原因是：

A 让人意识不清醒

B 破坏大脑的节律

C 使人的大脑思维迟缓

D 让人情绪不良和精神失常

【75】为什么说中国的睡眠医学事业任重而道远？

A 中国睡眠障碍患者太多

B 卫生部门不够重视睡眠医学

C 中国缺少睡眠医疗资源和人才

D 睡眠引起的疾病种类非常复杂

【76】最适合做本文标题的一项是：

A 人体健康不容忽视

B 如何应对记忆减退

C 睡眠与健康息息相关

D 睡眠医生和技师非常缺乏

77 ～ 80

18 岁的儿子腊月二十八要去广州打腰鼓了，为此，家住陕西省延安市安塞区冯家营村的李改红早早就开启了“春节模式”。“腊月初十我就开始做陕北的年饭了，油馍馍、肉丸子、年糕，都是儿子最爱吃的。”李改红一脸幸福地说。

安塞腰鼓驰名中外，李改红一家是安塞有名的“腰鼓家庭”。她自己是冯家营村女子腰鼓队的领队，丈夫周志塞是一位有着 20 多年经验的专业腰鼓培训师。以前，李改红都是跟着丈夫外出打腰鼓，几乎跑遍了全国。“她学会打腰鼓后，天上飞的、地上跑的、水里游的交通工具她都坐过了。”周志塞调侃自己的妻子。但从 2018 年 5 月开始，李改红就不怎么出门了。

冯家营村通过土地流转、村民入股、民企融资的方式，再加上当地政府的扶持，专门成立了一家文化旅游公司，打造了陕西首个“千人腰鼓”体验村，依托腰鼓表演，吸纳村民就业获得收入。

李改红成了安塞黄土文化产业开发有限公司的签约腰鼓手，每个月可以挣 4000 多元。她说：“底薪每月 2500 元，上一个节目补助 20 元。我一天上 4 个节目，共补助 80 元。”夫妇俩觉得，他们的好日子就是靠打腰鼓换来的。“除了在村里表演打腰鼓外，我还当腰鼓教练，收入也还可以。2018 年，我们两人收入加起来能上 10 万元吧。”周志塞一脸得意地说。

和李改红一样，今年 56 岁的村民侯良友也是靠打腰鼓富起来的。前几天，他刚从宁夏银川回来，在第六届银川黄河横城冰雪彩灯艺术节上，他带去的由 40 多人组成的腰鼓队，两天挣了 2 万元。作为村里的老鼓手，侯良友还去新西兰惠灵顿、意大利罗马表演过打腰鼓。“2011 年，我们在罗马表演时，队伍走到哪里，观众就跟到哪里，他们非常喜欢，给我们竖大拇指，还和我们合影。”去年，侯良友也成了公司的签约演员，在村里打了半年腰鼓，挣了将近 3 万元。讲到这里，侯良友的脸上露出了幸福的笑容。

安塞区白坪街道办事处副主任曹成告诉记者，冯家营村共 678 户、2275 人，一些村民靠在村里的公司打腰鼓，另一些村民靠在村里的公司当保洁、保安等，都有不错的收入。全村近几年人均纯收入达到了 1.3 万元。未来随着冯家营村知名度的不断提升，相信村民的收入会越来越高。

【77】李改红后来不怎么出门的原因是：
- **A** 孩子上学需要照顾
- **B** 自己在村里就能打鼓挣钱
- **C** 已经跑遍全国，不想再出去
- **D** 年纪大了，没精力外出打鼓

【78】根据本文，下列说法正确的是：
- **A** 李改红全家都会打腰鼓
- **B** 李改红做鼓手没有稳定收入
- **C** 侯良友每年都去国外打腰鼓
- **D** 冯家营村村民收入全都靠打腰鼓

【79】作者对村民打腰鼓致富持何种态度？
- **A** 无所谓
- **B** 觉得好玩儿
- **C** 赞同并充满希望
- **D** 认为村民不务正业

【80】本文的主要内容是：
- **A** 李改红打腰鼓很受欢迎
- **B** 李改红的致富路值得学习
- **C** 安塞腰鼓文化享誉海内外
- **D** 安塞腰鼓文化让村民集体致富

三、书面表达

（16题，45分钟）

第 一 部 分

（15题，10分钟）

说明：81～90题，在每题的语句中有一个或两个空白处，题后有**ABCD**四个备选答案，其中只有一个可以放入空白处使语句表达通顺。请选出唯一恰当的答案，并在答题卡的相应字母上画一横道。

81. ________在这里浪费时间，________出去走走。

A 是……还是……

B 宁肯……也……

C 不但……而且……

D 与其……不如……

82. ________我亲眼看到，________我是不会相信的。

A 不论……也……

B 不管……都……

C 只有……才……

D 除非……否则……

83. 门一打开，房间里________________。

A 立刻变得凉快多了

B 变得立刻凉快多了

C 变得凉快多了立刻

D 立刻凉快多了变得

84. 我看见____________________________正在等出租车。

A 大门口的一个穿着红衣服的高个子男人

B 一个大门口的穿着红衣服的高个子男人

C 大门口的穿着红衣服的一个高个子男人

D 大门口的一个高个子穿着红衣服的男人

85. ________________，他们都罚我喝酒。

A 昨天的同学聚会我去了一点儿晚

B 我去晚了一点儿昨天的同学聚会

C 昨天的同学聚会我去晚了一点儿

D 昨天的同学聚会我一点儿去晚了

86. 今年的新年晚会________________。

A 为厂里能言善辩的小冯主持

B 被厂里能言善辩的小冯主持

C 给厂里能言善辩的小冯主持

D 由厂里能言善辩的小冯主持

87. 屋子里没用的东西太多了，________________。

A 我想把这些没用的东西都处理掉

B 我把这些没用的东西想都处理掉

C 我想把处理掉这些没用的东西都

D 我想处理掉把这些没用的东西都

88. 眼前这个实际问题________________。

A 在我们第一时间内必须解决

B 解决我们必须在第一时间内

C 必须解决我们在第一时间内

D 我们必须在第一时间内解决

89. ________________，所以晚上回来晚点儿。

A 我今天要和见面一个朋友

B 我今天要和一个朋友见面

C 我今天要见面一个朋友和

D 我今天要和见朋友面一个

90. 这个问题我没有听懂，________________。

A 你再详细地解释一下给我

B 你再给我详细地解释一下

C 详细地解释一下你给我再

D 再详细地解释一下你给我

3·3·3·3·3·3·3

说明：91～95 题，在这一部分里，每题的语句中有 **ABCD** 四个带有下划线的词语，去掉其中某一个词语会使句子表达产生错误。请找出这个词语，并在答题卡的相应字母上画一横道。

91. 由于中午突然下起了大雨，工地上到处湿漉漉的，工人们只好暂时停工休息了。
A　B　C　D

92. 每到学期期末，同学们都盼望着放暑假后大家能自由自在痛痛快快地玩儿上它几天。
A　B　C　D

93. 在一个十多亿人口的大国解决脱贫问题，逐步实现小康，是非常了不起的成就，也是很不容易的事情。
A　B　C　D

94. 听说这个风景区今年已经正式向各地游客免费开放了。
A　B　C　D

95. 今天要不是张老师及时打电话通知我，我还真不知道下午要参加这个集体活动呢。
A　B　C　D

请接下去进入作文考试

MHK

模拟试题（一）

卷　Ⅱ

书面表达第二部分

（作文，35 分钟）

作文要求
1. 写作前认真阅读作文提示，按提示要求在规定的时间内写完。 2. 用简体字书写。每个空格写一个字，书写要清楚工整；每个标点符号占一个或两个空格，标点符号使用要规范。 3. 作文中不得出现跟考生有关的校名、地名和真实姓名。 4. 保持卷面整洁，不得涂画损坏答卷。

作文提示：

友谊是幸福的源泉。社会学家指出，处境不同的人之所以能有各自的幸福感，在很大程度上是因为友情因素的存在。真正的朋友，在你获得成功的时候，会为你高兴；在你……的时候，会给你……；在你……的时候，会给你……

古今中外有很多友谊的典范，那么你认为什么才是真正的友谊呢？

请按照所给提示内容完成全文，字数不得少于 350（不包括给出的提示内容）。

MHK

口试模拟题（一）

（三 级）

（一）朗读

有位孤独的老人，无儿无女，又体弱多病。他决定搬到养老院去住。老人宣布出售他漂亮的住宅。购买者闻讯蜂拥而至。住宅底价80万元，但人们很快就将它炒到了100万元。价格还在不断攀升。老人深陷在沙发里，满目忧郁。要不是健康有问题，他是不会卖掉这栋陪他度过大半生的住宅的。

一个衣着朴素的青年来到老人面前，弯下腰，低声说："先生，我也好想买这栋住宅，可我只有10万块钱。可是，如果您把住宅卖给我，我保证会让您依旧生活在这里，和我一起喝茶，读报，散步，天天都快快乐乐的。相信我，我会用整颗心来照顾您！"

老人颔首微笑，把住宅以10万块钱的价格卖给了他。

（二）回答问题

问题1：老人为什么要卖掉陪他度过大半生的住宅？

问题2：请介绍一个你喜欢的体育运动项目。

MHK

（三级）答题卡

白色检测区，请勿污染！

填涂说明

1. 答题前，考生先将自己的姓名等项填写清楚。
2. 选择题必须使用2B铅笔填涂，作文必须使用黑色或蓝色签字笔书写，应字体工整、笔迹清楚。
3. 保持卷面整洁，不要折叠、弄破，不准使用涂改液、刮纸刀。
4. 填涂示例：正确填涂 ▬
   错误填涂 [A] [B] [C] [D]

贴条形码区

姓名 考场号

姓　　名：________

性　　别：男▭ 女▭ 试卷号码：________

考 场 号：________ 座 位 号：________

考 生 号：________

A

选择题

1[A][B][C][D]	21[A][B][C][D]	41[A][B][C][D]	61[A][B][C][D]	81[A][B][C][D]
2[A][B][C][D]	22[A][B][C][D]	42[A][B][C][D]	62[A][B][C][D]	82[A][B][C][D]
3[A][B][C][D]	23[A][B][C][D]	43[A][B][C][D]	63[A][B][C][D]	83[A][B][C][D]
4[A][B][C][D]	24[A][B][C][D]	44[A][B][C][D]	64[A][B][C][D]	84[A][B][C][D]
5[A][B][C][D]	25[A][B][C][D]	45[A][B][C][D]	65[A][B][C][D]	85[A][B][C][D]
6[A][B][C][D]	26[A][B][C][D]	46[A][B][C][D]	66[A][B][C][D]	86[A][B][C][D]
7[A][B][C][D]	27[A][B][C][D]	47[A][B][C][D]	67[A][B][C][D]	87[A][B][C][D]
8[A][B][C][D]	28[A][B][C][D]	48[A][B][C][D]	68[A][B][C][D]	88[A][B][C][D]
9[A][B][C][D]	29[A][B][C][D]	49[A][B][C][D]	69[A][B][C][D]	89[A][B][C][D]
10[A][B][C][D]	30[A][B][C][D]	50[A][B][C][D]	70[A][B][C][D]	90[A][B][C][D]
11[A][B][C][D]	31[A][B][C][D]	51[A][B][C][D]	71[A][B][C][D]	91[A][B][C][D]
12[A][B][C][D]	32[A][B][C][D]	52[A][B][C][D]	72[A][B][C][D]	92[A][B][C][D]
13[A][B][C][D]	33[A][B][C][D]	53[A][B][C][D]	73[A][B][C][D]	93[A][B][C][D]
14[A][B][C][D]	34[A][B][C][D]	54[A][B][C][D]	74[A][B][C][D]	94[A][B][C][D]
15[A][B][C][D]	35[A][B][C][D]	55[A][B][C][D]	75[A][B][C][D]	95[A][B][C][D]
16[A][B][C][D]	36[A][B][C][D]	56[A][B][C][D]	76[A][B][C][D]	
17[A][B][C][D]	37[A][B][C][D]	57[A][B][C][D]	77[A][B][C][D]	
18[A][B][C][D]	38[A][B][C][D]	58[A][B][C][D]	78[A][B][C][D]	
19[A][B][C][D]	39[A][B][C][D]	59[A][B][C][D]	79[A][B][C][D]	
20[A][B][C][D]	40[A][B][C][D]	60[A][B][C][D]	80[A][B][C][D]	

书面表达（作文）

（35分钟）

作文要求

1. 写作前认真阅读作文提示，按提示要求在规定的时间内写完。
2. 用简体字书写。每个空格写一个字，书写要清楚工整；每个标点符号占一个或两个空格，标点符号使用要规范。
3. 作文中不得出现跟考生有关的校名、地名和真实姓名。
4. 保持卷面整洁，不得涂画损坏答卷。

翻开此页到背面答题
注意作文格式及字数要求

白色检测区，请勿污染！

100字

200字

300字

400字

500字

600字

MHK

模拟试题（二）

（三 级）

卷 Ⅰ

注 意 事 项

一、**MHK**（三级）考试试卷分为卷Ⅰ和卷Ⅱ两部分：

1. 卷Ⅰ为客观选择题，每题都有四个供选择的答案，要求在答题卡上画出代表正确答案的字母，每题只能画一横道，如 **[A]** ▬ **[C]** **[D]**，多画作废。

   请考生注意：卷Ⅰ使用阅读机阅卷，答案必须用铅笔画在答题卡上，不能写在试卷上。

   卷Ⅰ包括三项内容，共 95 题。

   （1）听力理解（40 题，约 30 分钟）

   （2）阅读理解（40 题，45 分钟）

   （3）书面表达（15 题，10 分钟）

2. 卷Ⅱ为书面表达主观题（作文），35 分钟。内容用黑色钢笔或签字笔写在答题卡的方格内。

   全部考试时间约 120 分钟。

二、注意每部分试题的答题说明，严格按照说明的要求，在规定的时间内回答问题。

三、严格遵守考试规则，听从主考人员的指挥。考试结束后，必须把试卷和答题卡放在桌子上，等监考人员收回、清点后，才能离场。

1 • 1 • 1 • 1 • 1 • 1 • 1

一、听力理解

（40题，约30分钟）

第 一 部 分

说明： 1～15题，这部分试题，都是两个人的简短对话，第三个人根据对话提出一个问题，请你在四个备选答案中选出唯一恰当的答案。

例如： 第8题，你听到：

第一个人说：……

第二个人说：……

第三个人说：……

你在试卷上看到四个答案：

A 衬衫　　**B** 毛衣　　**C** 裤子　　**D** 鞋子

第8题唯一恰当的答案是**C**，你应该在答题卡上找到号码8，在字母**C**上画一横道。横道一定要画得粗一些，重一些。

8 [**A**]　　[**B**]　　▬　　[**D**]

1. **A** 路结冰了
   B 雪下得不大
   C 不想上班了
   D 不敢开车上班

2. **A** 男的有必要解释
   B 男的没必要解释
   C 男的再不解释就晚了
   D 男的还有一次解释的机会

3. **A** 龙要抬头
   B 他们家理得好
   C 理发店搞活动
   D 今天是二月二

4. **A** 疑惑
   B 赞同
   C 相信
   D 谦虚

5. **A** 常在家看电视剧
   B 常去电影院看电影
   C 从不去电影院看电影
   D 常在家里以点播形式看电影

6. **A** 旅店里
   B 飞机上
   C 火车上
   D 公交车上

7. **A** 今天迟到了
   B 早上起晚了
   C 被老师批评了
   D 担心早上起不来

8. **A** 看病
   B 加班
   C 休息
   D 值班

9. **A** 吃巧克力不发胖
B 她已经吃上瘾了
C 不吃也不能减肥
D 吃巧克力可以减肥

10. **A** 上海和杭州
B 杭州和南京
C 黄山和庐山
D 哪里都没去

11. **A** 妹妹
B 同学
C 老师
D 家长

12. **A** 问女的在干什么
B 想让女的回家做饭
C 抱怨女的回来太晚
D 不让女的出去吃饭

13. **A** 朋友
B 家人
C 同学
D 邻居

14. **A** 不满
B 高兴
C 担心
D 焦虑

15. **A** 男的不想去聚餐
B 男的一直在开会
C 男的在忙策划方案
D 男的工作忙到很晚

第 二 部 分

说明： 16～40 题，这部分试题中，你将听到几段简要的对话或讲话。每段话之后，你将听到几个问题，请你在四个书面答案中选出唯一恰当的答案。

例如： 第 25～27 题，你听到：

第一个人说：……

第二个人说：……

……

第三个人根据这段对话提出三个问题：

25. 问：……

你在试卷上看到四个答案：

A 饭馆　**B** 邮局　**C** 商店　**D** 路口

根据对话，第 25 题唯一恰当的答案是 **A**，你应该在答题卡上找到号码 25，在字母 **A** 上画一横道。横道一定要画得粗一些，重一些。

25 [redacted]　[**B**]　[**C**]　[**D**]

你又听到：

……

27. 问：……

你在试卷上看到四个答案：

A 寄信　**B** 打电话　**C** 取包裹　**D** 买报纸

根据对话，第 27 题唯一恰当的答案是 **D**，你应该在答题卡上找到号码 27，在字母 **D** 上画一横道。横道一定要画得粗一些，重一些。

27 [**A**]　[**B**]　[**C**]　[redacted]

如果是一段讲话，在播放完讲话后，提出几个问题。

16. **A** 颜色
    B 节目
    C 年味儿
    D 生肖图

17. **A** 一年前
    B 春节前几天
    C 春节前一周
    D 春节前一个月

18. **A** 赞同
    B 反对
    C 随便
    D 无所谓

19. **A** 比较划算
    B 来得及穿
    C 抵御倒春寒
    D 可以多积分

20. **A** 款式
    B 面料
    C 颜色
    D 价格

21. **A** 今天是情人节
    B 今天是妇女节
    C 今天是劳动节
    D 今天是国庆节

22. **A** 没有租金
    B 不用雇人
    C 服务态度好
    D 没有存储费用

23. **A** 付款不安全
    B 服务态度不好
    C 不能看见实物
    D 买家不能退货

24. **A** 店主不诚信
    B 东西太便宜
    C 服务质量差
    D 网络世界是虚拟的

25. **A** 15 分钟
    B 45 分钟
    C 80 分钟
    D 400 分钟

26. **A** 令人兴奋的
    B 令人紧张的
    C 降低血压的
    D 令人容光焕发的

27. **A** 耸动肩膀
    B 血压下降
    C 胸膛摇摆
    D 横膈膜震荡

28. **A** 香蕉
    B 西瓜
    C 苹果
    D 西红柿

29. **A** 梨
    B 香蕉
    C 西瓜
    D 葡萄

30. **A** 抗癌
    B 降血脂
    C 降血压
    D 降血糖

31. **A** 一个单人间
    B 一个双人间
    C 老板的房间
    D 他自己的房间

32. **A** 给了他很多钱
    B 送了他一套大房子
    C 送了他一个大酒店
    D 请他当一个大酒店的经理

33. **A** 没有提到
    B 那个亿万富翁
    C 那个旅馆的老板
    D 那个前台服务人员

34. **A** 感染了新冠病毒
    B 收治了一名渐冻症患者
    C 是武汉金银潭医院的院长
    D 他妻子是一名渐冻症患者

35. **A** 他太辛苦了
    B 他患了渐冻症
    C 工作压力太大
    D 他怕失去妻子

36. **A** 工作太多
    B 他很内疚
    C 他怕失去妻子
    D 他怕以后病重无法工作

37. **A** 很多钱
    B 一篓鱼
    C 一根鱼竿
    D 一篓鱼和一根鱼竿

38. **A** 都饿死了
    B 找到了大海
    C 回到了家乡
    D 在原地生活

39. **A** 各奔东西
    B 把鱼都吃完了
    C 在原地共同生活
    D 共同去找寻大海

40. **A** 以捕鱼为生
    B 以造船为生
    C 以养鱼为生
    D 以种地为生

二、阅读理解

（40 题，45 分钟）

说明：41 ～ 80 题，每段文字后都有几个问题，每个问题都有 ABCD 四个答案，请你阅读后根据每题要求选择唯一恰当的答案，并在答题卡的相应字母上画一横道。

41

回顾20 世纪的百年历程，科学的确创造了一个又一个神话，为人类创造了比以往任何时代都要美好的生活。在新的世纪里，现代科学技术必将继续创造一个个奇迹，不断改善我们的生活。

【41】文中画线词语拼音正确的一项是：

A 回顾（húigù）

B 创造（quǎngzào）

C 技术（zhìshu）

D 改善（gǎishàn）

42 ～ 44

拜年是我国民间的传统习俗，是人们辞旧迎新、相互表达美好祝愿的一种方式。随着时代的发展和多媒体技术的___42___运用，拜年的习俗也不断___43___新的内容和形式。通过微信、QQ 等社交软件，录一段自己的语音发给对方，___44___出个性化的温情。此外，新媒体走红的另一个原因就是价格划算，这些都让短信的地位每况愈下。

【42】文中___42___处应该填写的词语是：

A 广阔

B 广大

C 宽泛

D 广泛

【43】文中___43___处应该填写的词语是：

A 增添

B 增高

C 增进

D 增多

【44】文中___44___处应该填写的词语是：

A 显示

B 显摆

C 实现

D 出现

45 ～ 47

海洋是维持生命系统的重要组成部分。人们把海洋和森林比喻成地球的肺。海洋不仅可以__45__大气中的二氧化碳，而且可以制造氧气。人和动物时时刻刻都离不开氧气，而海洋是地球上最大的氧气提供者。海洋还是地球的肾。海洋处在地球表面的最低部位，所以人类__46__的各种污染物通过大小河流最终流入大海。由于海洋有海流和巨大的体积，因此它有自身清洁能力。大海就像一个巨大的清洁器，不仅保持了自己的清洁，也帮助人类__47__了大量的垃圾。

【45】文中__45__处应该填写的词语是：

A 吸引

B 汲取

C 呼吸

D 吸收

【46】文中__46__处应该填写的词语是：

A 排列

B 排泄

C 排放

D 释放

【47】文中__47__处应该填写的词语是：

A 清新

B 清理

C 打扫

D 清洁

48 ～ 50

立春不仅是二十四节气中的第一个节气，而且也是我国民间重要的传统节日之一。立春这一天，民间有“咬春”的说法，这是人们对春天的一种美好__48__。过去“咬春”是买个萝卜来吃，取古人“咬得草根断，则百事可做”之意。现在“咬春”多是吃春饼或春卷。有关专家介绍，人们“咬春”时吃春饼的习俗__49__于唐朝。由于立春时春回大地，万物复苏，各种蔬菜发出嫩芽，为了尝鲜，古人就用面皮包着时令蔬菜，卷成卷儿蒸熟或者油炸，取名春饼，寓意是五谷丰登，也是春天的象征，并将它互相__50__，取迎春之意。

【48】文中__48__处应该填写的词语是：

A 祝福
B 庆祝
C 祝贺
D 庆贺

【49】文中__49__处应该填写的词语是：

A 根源
B 追溯
C 发生
D 起源

【50】文中__50__处应该填写的词语是：

A 送礼
B 赠送
C 给予
D 运送

51 ～ 53

心力衰竭康复是指对慢性心力衰竭患者采取一定干预手段，延缓疾病进程，改善心脏功能、心理状态，从多方面改善患者生活质量，__51__心血管事件再发的一种治疗方法。心力衰竭康复是慢性心力衰竭综合治疗的关键部分，可以明显降低死亡率、再住院率和致残率，有助于改善患者生活质量，降低医疗费用，国际上已经把它作为常规治疗项目。

心力衰竭康复首先要对患者进行生理功能和心理状态的评估。心功能评估最常见的方式就是 6 分钟步行试验，根据 6 分钟内患者的步行距离评估患者的心脏功能状态，同时也能方便地评估患者康复的__52__。心力衰竭患者往往存在焦虑、抑郁等情绪，__53__适当的心理安慰、支持、疏导，可以使患者正确认识疾病，树立战胜疾病的信心，从而积极配合治疗，改善依从性。

【51】文中__51__处应该填写的词语是：

A 预防
B 预备
C 防治
D 防备

【52】文中__52__处应该填写的词语是：

A 见效
B 效率
C 成果
D 效果

【53】文中__53__处应该填写的词语是：

A 采集
B 采取
C 采纳
D 选用

54 ～ 56

提起余光中，人们最先想起的往往是《乡愁》，并因此给他冠上了“乡愁诗人”的称号。这位乡愁诗人一生经历坎坷，因其母亲原籍在江苏武进，故也自称“江南人”。

农历九月初九重阳出生的诗人余光中是“茱萸的孩子”。他早年因战祸颠沛流离，漂洋过海，将情怀写进《乡愁》中。

余光中 1928 年生于南京，祖籍福建永春。他 9 岁时因抗日战争开始逃难，在四川念中学，抗战胜利后回到南京。接着他又跟着母亲去了上海，再到厦门，转赴香港。1950 年他与父母迁去台湾，考进台大外文系，毕业那年发表诗集《舟子的悲歌》。

余光中一生从事诗歌、散文的创作以及评论、翻译工作，他称之为自己写作的“四度空间”。他驰骋文坛逾半个世纪，涉猎广泛，被誉为“艺术上的多栖主义者”。他的一首《乡愁》在全球华人世界引发了强烈的共鸣。

【54】本文第一自然段画线的“冠”的意思是：

A 戴

B 给

C 加

D 帽子

【55】为什么称余光中是“茱萸的孩子”？

A 他从小喜欢茱萸

B 他一生经历坎坷

C 他是在南京出生的

D 他是重阳节出生的

【56】关于余光中，下列说法正确的是：

A 他的原籍在江苏武进

B 他曾经参加过抗日战争

C 他在 1950 年发表了《舟子的悲歌》

D 他的《乡愁》引发了华人的强烈共鸣

57 ～ 60

古人认为从冬至开始，要过完九个九天，即九九八十一天才会寒尽春来，大地回暖，所以才有“数九寒天”这一说法。在这期间人们的许多活动因为寒冷受到限制，尤其是娱乐活动较少。为了消除从冬至到立春这一段漫长日子的寂寞，人们发明了“数九”这一消遣方式。

关于“数九”习俗的文字记载，最早见于公元 550 年南北朝时期梁朝宗懔所著《荆楚岁时记》。到了明朝，民间便有画《九九消寒图》的风俗，也称《九九图》。人们一天画一笔，数过这八十一天，表达一种迎春的殷殷心意。其中，《素梅图》就是具有诗意的代表。首先画一枝素梅，枝上画九朵梅花，每朵有九个花瓣，共九九八十一瓣，或者画八十一朵小小的梅花，代表“数九天”的八十一天，然后每过一天就用红笔或黑笔涂染一个花瓣或一朵花，花瓣或花尽而九九出，九尽春深，冬去春来。到了清朝，随着民族文化的日益融合，画《九九消寒图》这种风俗在宫廷中也盛行起来。

【57】发明“数九”这种消遣方式的最初心理是：

A 为了学习画画

B 为了庆祝节日

C 为了表达迎春的心意

D 为了消除漫长日子的寂寞

【58】画《九九消寒图》的风俗始于哪个朝代？

A 明朝

B 清朝

C 近代

D 南北朝

【59】《素梅图》中要画几枝素梅？

A 一枝

B 九枝

C 八十一枝

D 九十九枝

【60】最适合做本文标题的一项是：

A 如何应对寒冷的冬天

B 关于“数九”的习俗

C 什么是《九九消寒图》

D《素梅图》是诗意的代表

61 ～ 63

牛肉是中国人消费量最大的肉类食品之一。牛肉蛋白质含量高，而脂肪含量低，味道鲜美，深受人们喜爱，享有“肉中骄子”的美称，是全世界大多数人都爱吃的食品。

现代研究认为，牛肉提供高质量的蛋白质，含有全部种类的氨基酸，各种氨基酸的比例与人体蛋白质中各种氨基酸的比例基本一致，牛肉中所含的肌氨酸比其他任何食物都高。牛肉的脂肪含量很低，但它却是低脂的亚油酸的来源，还是潜在的抗氧化剂。牛肉含有矿物质和维生素 B 群，包括烟酸、维生素 B_1 和维生素 B_2。牛肉还是人体每天所需要的铁质的最佳来源。此外，牛肉还含有对大脑有益的肉毒碱。

食用牛肉对增长肌肉、增强力量特别有效。其次，它可以帮人体增强免疫力，促进蛋白质的新陈代谢和合成，从而有助于紧张训练后身体的恢复。再次，它能提高机体抗病能力，有利于生长发育及手术后、病后调养的人补充失血、修复组织。同时，铁是造血所必需的元素，而牛肉中富含大量的铁，多食用牛肉有助于缺铁性贫血的治疗。

此外，中气下隐、气短体虚、筋骨酸软及面黄目眩等人群也适宜食用牛肉。

【61】根据本文，牛肉中什么成分的含量居各种食物之首？

A 肌氨酸
B 氨基酸
C 蛋白质
D 维生素

【62】本文第二自然段主要讲了什么？

A 牛肉的经济价值
B 牛肉的营养价值
C 牛肉的适用人群
D 牛肉的烹饪方法

【63】根据本文，下列哪类人群可能更适合多吃牛肉？

A 皮肤瘙痒患者
B 风热感冒患者
C 胆固醇偏高患者
D 缺铁性贫血患者

64 ～ 67

在刘慈欣的创作生涯中，创作状态最好的就是创作《三体》时期。这之后的几年里，刘慈欣几乎一个字都没写。

《三体》的写作花了四五年的时间，什么时候开始构思的，刘慈欣已经不记得了。那时的刘慈欣还是业余作者，工作之余写作的时间有限。他的习惯是花费大量的时间去打腹稿，一有时间就赶快集中写出来。

2015 年的夏天，刘慈欣接到了世界科幻作品最高奖项“雨果奖”获奖的通知。他一方面觉得幸运，另一方面也有所预料，因为《三体》是那一届的评选中被提名的六个作品之一。

尽管很开心，但得到消息的那天在做什么，刘慈欣却记忆模糊。他说：“就记得是非常普通的一天，也没有任何庆祝。”

得奖前的半个月，刘慈欣刚从美国回来。由于家里和工作中的事情太多，再加上去美国一趟太麻烦，和编辑商量后，他决定不再去颁奖现场，而由《三体》的译者刘宇昆代替领奖。

以前，国内的科幻文学百分之百靠外国作品输入，《三体》的成功意味着中国的科幻小说开始有更多可能被介绍到西方国家。对于刘慈欣个人而言，这个意义更让人激动。

也有评论家认为，《三体》之所以火，是因为人们把它视为一本流行小说，而非科幻小说。换言之，《三体》虽然将小众的科幻推向大众，但它并未带动人们对科幻的更多关注。人们阅读《三体》，可能基于它被赋予的众多标签中的一个，比如“雨果奖”作品、新奇的商战概念等。

【64】刘慈欣接到获奖通知时是什么感觉？

A 惊喜

B 激动

C 意料之外

D 幸运和意料之中

【65】《三体》是由谁翻译后被介绍到西方的？

A 雨果

B 编辑

C 刘宇昆

D 刘慈欣

【66】关于《三体》，下列说法正确的是：

A 作者是刘宇昆

B 将小众的科幻推向大众

C 带动了人们对科幻的更多关注

D 是“雨果奖”被提名的五个作品之一

【67】根据最后一段，《三体》火的原因是：

A 人们喜欢刘慈欣

B 它获得了“雨果奖”

C 人们把它视为科幻小说

D 人们把它看作流行小说

68 ～ 71

咖啡碱又称咖啡因，是一种黄嘌呤生物碱化合物。它主要存在于咖啡树、茶树、巴拉圭冬青（马黛茶）及瓜拉那的果实及叶片里，在可可树、可乐果及代茶冬青树中也存在少量的咖啡碱。咖啡碱是一种自然杀虫剂，目前在超过 60 种植物的果实、叶片和种子中都发现了它的存在，它能麻痹以这些植物为食的昆虫，从而达到杀虫的效果。

咖啡碱是一种中枢神经兴奋剂，能暂时驱走睡意并恢复精力，所以人们在从事思考、阅读等脑力劳动时，可以选择摄入咖啡碱来提神。

咖啡碱会刺激大脑中的神经细胞，使肾上腺素分泌增多。肾上腺素分泌的增多会导致心跳加快，血压升高，肌肉中的血流量增加，皮肤和内脏的血流量减少以及肝脏向血液释放葡萄糖。此外，咖啡碱与氨基丙苯一样可以提高脑内的神经递质多巴胺水平。与其他刺激中枢神经系统的物质和酒精不同的是，咖啡碱的作用时间相当短。对大多数人来说，咖啡碱不会影响注意力和其他高级智力功能，因此，含咖啡碱的饮料可以在工作期间饮用。

长时间饮用含咖啡碱的饮料可以导致身体对咖啡碱的习惯化。假如这时中断使用咖啡碱，会使血压过度降低，导致头疼和其他症状。当然，如果摄入过多咖啡碱将会导致咖啡碱中毒，其症状是烦躁、紧张、刺激感、失眠、面红、多尿、消化道不适等。每天摄入咖啡碱多于 1 克可导致痉挛、心跳不稳、心动过速和精神运动性激越。咖啡碱中毒的症状类似恐慌症和焦虑症。

咖啡碱对动物的神经系统可能有不良影响，例如对猫和狗来说，可可碱（巧克力）、茶碱（茶饮）与咖啡碱（咖啡）都有强烈毒性。

【68】根据本文，下列哪一种树中存在的咖啡碱最少？

A 茶树
B 咖啡树
C 可可树
D 马黛茶

【69】人们在从事脑力劳动时饮用咖啡的目的是：

A 提神
B 降压
C 促进睡眠
D 刺激肾上腺素分泌

【70】关于咖啡碱，下列说法正确的是：

A 作用时间长
B 可以改善睡眠
C 是一种杀虫剂
D 是一种中枢神经兴奋剂

【71】本文主要介绍了：

A 咖啡碱的来源
B 咖啡碱的医用价值
C 饮用咖啡碱的注意事项
D 咖啡碱的功用及不良影响

72 ～ 75

尽管国家在提倡使用疫苗预防流感，但有些人还是不愿意接种流感疫苗。分析原因，笔者认为，主要还在于有些人对接种疫苗存在以下认知误区：

一是认为成年人不用接种疫苗的误区。坦率地讲，存在这种思想的人不在少数。在大家看来，在发生猫狗等动物伤人这种紧急情况时，除了狂犬病疫苗这类相对特殊的疫苗外，成年人根本就不用接种疫苗。加上卫生部门没有对成年人接种疫苗进行强制性要求，公众很难客观了解疫苗，自然不会主动前往接种。

二是认为未成年人应少接种疫苗的误区。未成年人接种疫苗，这本是一项硬性要求，但在一些农村地区却不乏反对的声音。曾经有不下五位乡村医生劝导过笔者要少给孩子打疫苗，他们还言之凿凿地讲"疫苗打多了对孩子成长不好""有副作用"等。或许他们的初衷是好的，毕竟疫苗本身可能有一定副作用，但他们的好心却是片面误导，有失公允，缺乏科学性。

三是认为流感只是小毛病的误区。不少人把流感和普通感冒混为一谈，对流感的危害性并不清楚，总认为多喝水、吃点儿药、挺一挺就好了。事实上，流感是由流感病毒引起的一种急性呼吸道传染病，如果不加以预防和及时治疗，很容易引起肺炎、神经系统损伤、心脏损害、肌炎、横纹肌溶解综合征和脓毒性休克等并发症，对身体健康存在较大危害。

可见，要想让流感疫苗流行起来，最重要的是应加强对流感相关知识的普及，加大对流感疫苗的宣传，纠正公众的错误认知，让大家在了解中接受，在宣传中推广，逐渐让流感疫苗走进大众的视野。

【72】根据本文，有些人对接种流感疫苗的态度是：

A 愿意

B 无所谓

C 不太愿意

D 积极主动

【73】在大家看来，如果发生狗伤人事件，成年人可以接种哪类疫苗？

A 流感疫苗

B 天花疫苗

C 狂犬病疫苗

D 脊髓灰质炎疫苗

【74】以下哪一项是对流感疫苗的正确认识：

A 疫苗打多了对孩子不好

B 疫苗可能有一定副作用

C 成年人不用接种流感疫苗

D 应对接种疫苗有强制要求

【75】关于流感，下列说法正确的是：

A 只是小毛病

B 是急性呼吸道传染病

C 流感跟普通感冒一样

D 吃点儿药挺挺就好了

76 ～ 80

“作为在城里长大的孩子，乡村的一切对我而言都是陌生的。”张楚翘在接受记者采访时说道。自己以前对于乡村的认知只是来自新闻上滚动的数据，或是文献上冰冷的政策理论。她理解的乡村是祥和的“田园牧歌式”的生活，充满文学性的想象。

今年 7 月初，张楚翘跟随学校团队来到重庆市万州区恒合土家族乡五星村，开展为期 9 天的暑期社会实践活动。“你们大学生总想来农村体验‘诗意的栖居’，但村里人往往要靠几代人的努力才能走出这里。”一位村干部的话令这个城市女孩儿深受触动。

五星村和周围大部分乡村一样，农户家的收入主要依靠年轻人外出务工，老人和儿童组成的隔代家庭成为这片土地上家庭结构的常态，这导致有些政策难以在村里真正实施。这种现状给张楚翘留下了很深的印象，此时她才深刻理解了学校在毕业季时印在世纪馆的大台阶上那句“到祖国最需要的地方去”的真正含义。

记者从北京某高校官网了解到，从 2012 年开始，该校每年都会组织约 1000 名师生深入数百个村庄开展“千人百村”暑期社会实践活动。师生们通过问卷调查、深度访谈和田野观察，描画着中国“从脱贫攻坚到乡村振兴”的动态图景。这些暑期实践团队通过开展教育讲座、实施乡村调研、组织美育活动、帮助村民施工修路和清理垃圾等活动，亲身感受并尝试融入广大村民的日常生活，为当前中国的乡村振兴贡献自己的力量。

实践出真知，社会实践活动是大学生活的重要组成部分，能培养当代大学生的历史使命感、社会责任感和积极向上的精神风貌，充分发挥实践育人的作用，提高大学生的综合素质，也是大学生进入社会、了解社会、感悟生活的好机会。因此，大学生应该积极参与社会实践，使知识与实践相结合，不断增强适应社会、服务社会的能力。

【76】根据前两段，我们知道：

A 张楚翘从小对乡村一无所知
B 张楚翘是城市里长大的孩子
C 张楚翘自行去参加暑期实践活动
D 村里人很享受农村“诗意的栖居”

【77】根据第三段，为什么有些政策难以在村里真正实施？

A 农村人收入水平低
B 农村人不愿意配合
C 农村人不了解政策
D 农村青壮劳力缺失

【78】根据第四段，下列哪一项不是暑期社会实践团队开展的活动？

A 开展教育讲座
B 实施乡村调研
C 组织美育活动
D 关爱孤寡老人

【79】根据本文，下列哪一项不是社会实践活动带来的积极影响？

A 培养当代大学生的历史使命感
B 可以充分发挥实践育人的作用
C 有助于提高大学生的综合素质
D 有助于大学生顺利找到好工作

【80】本文主要想告诉我们：

A 乡村是“田园牧歌式”的生活

B 当下的乡村生活条件还需改善

C 社会实践为大学生提供了就业机会

D 大学生应该积极参与社会实践活动

3 • 3 • 3 • 3 • 3 • 3 • 3

三、书面表达

（16 题，45 分钟）

第 一 部 分

（15 题，10 分钟）

说明：81 ～ 90 题，在每题的语句中有一个或两个空白处，题后有 **ABCD** 四个备选答案，其中只有一个可以放入空白处使语句表达通顺。请选出唯一恰当的答案，并在答题卡的相应字母上画一横道。

81. ________羡慕别人，________自己努力。
A 既然……就……
B 假如……就……
C 宁可……也要……
D 与其……不如……

82. 找工作的时候，________要考虑这份工作是否适合自己，________要注意用人单位是否有发展前途。
A 只有……才……
B 既然……就……
C 虽然……但是……
D 一方面……另一方面……

83. ________这个问题，我们还缺乏研究，因此我们先要摸清情况，然后再下结论。
A 关于
B 属于
C 依据
D 由于

84. 他就是这样一个人，一旦________，就没日没夜，甚至连吃饭都会忘记。
A 学习来起
B 学习起来
C 起来学习
D 学起习来

85. 人民是我们的衣食父母，干部一定要＿＿＿＿＿＿＿＿＿＿＿＿。

A 时刻把人民的利益放在心上

B 时刻人民的利益把放在心上

C 人民的利益时刻把放在心上

D 把人民的利益时刻在心上放

86. 为了在一个安静的地方读书，这个书生就选择了＿＿＿＿＿＿＿＿＿＿＿＿。

A 在离家远有些湖心的南湖的小岛

B 在离家远些有湖心的南湖的小岛

C 在离家有些远的南湖的湖心小岛

D 离家有些远的在湖心的南湖小岛

87. 老师把＿＿＿＿＿＿＿＿＿＿＿＿。

A 讲解一遍了学生作业中的错误详细

B 学生作业中的错误一遍详细讲解了

C 讲解了学生作业中的错误详细一遍

D 学生作业中的错误详细讲解了一遍

88. 小的时候，我总认为除了母亲以外，＿＿＿＿＿＿＿＿＿＿＿＿。

A 没有谁再也能够像她那样朴素地疼爱我

B 能够像她那样朴素地疼爱我再也没有谁

C 谁再也没有像她那样能够朴素地疼爱我

D 再也没有谁能够像她那样朴素地疼爱我

89. 由于＿＿＿＿＿＿＿＿＿＿＿＿的化学物质，所以我们装修时必须充分认识各种涂料对人体的危害。

A 所需的涂料装修中含有对人体有害多种

B 装修所需的涂料中含有多种对人体有害

C 装修中所需的涂料多种对人体含有有害

D 装修所需的涂料中多种含有对人体有害

90.《清明上河图》不仅是＿＿＿＿＿＿＿＿＿＿＿＿，同时对研究中国历史学、社会学以及古代建筑学具有重要的价值。

A 古代绘画艺术中我国最杰出的艺术作品

B 我国最杰出古代绘画艺术中的艺术作品

C 我国艺术作品中的古代最杰出绘画艺术

D 我国古代绘画艺术中最杰出的艺术作品

3·3·3·3·3·3·3

说明：91～95 题，在这一部分里，每题的语句中有 **ABCD** 四个带有下划线的词语，去掉其中某一个词语会使句子表达产生错误。请找出这个词语，并在答题卡的相应字母上画一横道。

91. 教书是一个良心活儿，非得认真对待不可，绝不能轻视。
A B C D

92. 这个东西我有是有，可就是忘记放在什么地方了。
A B C D

93. 据说，这样做不仅可以节省包装材料费，而且可以让顾客少带包装废品回家，减少二次环境污染和碳排放。
A B C D

94. 人只有与他人合作，才能使自己享受天堂般的快乐，获得他人帮助的前提是自己必须去帮助他人。
A B C D

95. 失败是成功之母，创办失败产品博物馆的用意也许就在于让人们关注失败，研究失败，以便明天赢得成功。
A B C D

请接下去进入作文考试

MHK

模拟试题（二）

卷　Ⅱ

书面表达第二部分

（作文，35 分钟）

作 文 要 求

1. 写作前认真阅读作文提示，按提示要求在规定的时间内写完。
2. 用简体字书写。每个空格写一个字，书写要清楚工整；每个标点符号占一个或两个空格，标点符号使用要规范。
3. 作文中不得出现跟考生有关的校名、地名和真实姓名。
4. 保持卷面整洁，不得涂画损坏答卷。

作文提示：

生活中，你是否遇到坎坷，畏惧不前？是否明知犯错，不敢正视？……其实只要鼓起勇气向前再迈一步，你就可以突破自我，成为生活的强者。

请以《别怕，向前再迈一步》为题写一篇作文，全文不得少于350字。

MHK
口试模拟题（二）
（三 级）

（一）朗读

有一个九岁的小男孩儿，每天早上他都很难从床上起来。躺在床上的感觉真不错，他多么希望时间能过得慢一些。

妈妈对此有时能够容忍，有时会发脾气，而小男孩儿却丝毫没有改变，仍然慢慢起来，很不情愿地吃完早饭，然后慢悠悠地去上学。

为此，妈妈感到很苦恼，但又很无奈。

后来妈妈买了一个闹钟，她把闹钟放到儿子的房间，顺便在桌上留了一张纸条，上面写着："我知道你不喜欢别人早上太早叫醒你。现在你可以自主选择什么时候起床。爱你的妈妈。"

小男孩儿又惊又喜。他来到妈妈身边，问道："你怎么知道我不喜欢别人叫醒我？"

妈妈笑着对他说："我会算呀。"

第二天早上，当闹钟响了之后，小男孩儿赶忙从床上爬了起来。

妈妈见了，微笑着说："孩子，现在还早，再多睡会儿吧。"

小男孩儿语气坚决地说："不，我上学要迟到了。"

（二）回答问题

问题 1：小男孩儿的妈妈为什么感到苦恼而无奈？

问题 2：在阅读方式多元化的今天，你可以通过手机、电脑等电子设备，在广阔无垠的网络空间汲取知识；你可以借助多媒体技术，阅读有形有色、有声有像的中外名著；你也可以继续手捧传统的纸质书本，享受在墨海书香中与古圣今贤对话的乐趣……请结合个人的体验和思考，谈一谈你最喜欢哪种阅读方式以及你喜欢这种阅读方式的理由。

MHK

（三级）答题卡

白 色 检 测 区 ， 请 勿 污 染 ！

姓　　名：________________

性　　别：男□　女□　试卷号码：________

考 场 号：________　座 位 号：________

考 生 号：________________

填涂说明

1. 答题前，考生先将自己的姓名等项填写清楚。
2. 选择题必须使用2B铅笔填涂，作文必须使用黑色或蓝色签字笔书写，应字体工整、笔迹清楚。
3. 保持卷面整洁，不要折叠、弄破，不准使用涂改液、刮纸刀。
4. 填涂示例：正确填涂 ▬
错误填涂 [A] [B] [C] [D]

贴条形码区

姓名

考场号

A ▬

选 择 题

1[A][B][C][D]	21[A][B][C][D]	41[A][B][C][D]	61[A][B][C][D]	81[A][B][C][D]
2[A][B][C][D]	22[A][B][C][D]	42[A][B][C][D]	62[A][B][C][D]	82[A][B][C][D]
3[A][B][C][D]	23[A][B][C][D]	43[A][B][C][D]	63[A][B][C][D]	83[A][B][C][D]
4[A][B][C][D]	24[A][B][C][D]	44[A][B][C][D]	64[A][B][C][D]	84[A][B][C][D]
5[A][B][C][D]	25[A][B][C][D]	45[A][B][C][D]	65[A][B][C][D]	85[A][B][C][D]
6[A][B][C][D]	26[A][B][C][D]	46[A][B][C][D]	66[A][B][C][D]	86[A][B][C][D]
7[A][B][C][D]	27[A][B][C][D]	47[A][B][C][D]	67[A][B][C][D]	87[A][B][C][D]
8[A][B][C][D]	28[A][B][C][D]	48[A][B][C][D]	68[A][B][C][D]	88[A][B][C][D]
9[A][B][C][D]	29[A][B][C][D]	49[A][B][C][D]	69[A][B][C][D]	89[A][B][C][D]
10[A][B][C][D]	30[A][B][C][D]	50[A][B][C][D]	70[A][B][C][D]	90[A][B][C][D]
11[A][B][C][D]	31[A][B][C][D]	51[A][B][C][D]	71[A][B][C][D]	91[A][B][C][D]
12[A][B][C][D]	32[A][B][C][D]	52[A][B][C][D]	72[A][B][C][D]	92[A][B][C][D]
13[A][B][C][D]	33[A][B][C][D]	53[A][B][C][D]	73[A][B][C][D]	93[A][B][C][D]
14[A][B][C][D]	34[A][B][C][D]	54[A][B][C][D]	74[A][B][C][D]	94[A][B][C][D]
15[A][B][C][D]	35[A][B][C][D]	55[A][B][C][D]	75[A][B][C][D]	95[A][B][C][D]
16[A][B][C][D]	36[A][B][C][D]	56[A][B][C][D]	76[A][B][C][D]	
17[A][B][C][D]	37[A][B][C][D]	57[A][B][C][D]	77[A][B][C][D]	
18[A][B][C][D]	38[A][B][C][D]	58[A][B][C][D]	78[A][B][C][D]	
19[A][B][C][D]	39[A][B][C][D]	59[A][B][C][D]	79[A][B][C][D]	
20[A][B][C][D]	40[A][B][C][D]	60[A][B][C][D]	80[A][B][C][D]	

书面表达（作文）

（35分钟）

作 文 要 求

1. 写作前认真阅读作文提示，按提示要求在规定的时间内写完。
2. 用简体字书写。每个空格写一个字，书写要清楚工整；每个标点符号占一个或两个空格，标点符号使用要规范。
3. 作文中不得出现跟考生有关的校名、地名和真实姓名。
4. 保持卷面整洁，不得涂画损坏答卷。

翻开此页到背面答题

注意作文格式及字数要求

白 色 检 测 区 ， 请 勿 污 染 ！

100 字

200 字

300 字

400 字

500 字

600 字

MHK

模拟试题（三）

（三 级）

卷 Ⅰ

注 意 事 项

一、**MHK**（三级）考试试卷分为卷Ⅰ和卷Ⅱ两部分：

1. 卷Ⅰ为客观选择题，每题都有四个供选择的答案，要求在答题卡上画出代表正确答案的字母，每题只能画一横道，如 **[A]** ▬ **[C]** **[D]**，多画作废。

   请考生注意：卷Ⅰ使用阅读机阅卷，答案必须用铅笔画在答题卡上，不能写在试卷上。

   卷Ⅰ包括三项内容，共 95 题。

   （1）听力理解（40 题，约 30 分钟）

   （2）阅读理解（40 题，45 分钟）

   （3）书面表达（15 题，10 分钟）

2. 卷Ⅱ为书面表达主观题（作文），35 分钟。内容用黑色钢笔或签字笔写在答题卡的方格内。

   全部考试时间约 120 分钟。

二、注意每部分试题的答题说明，严格按照说明的要求，在规定的时间内回答问题。

三、严格遵守考试规则，听从主考人员的指挥。考试结束后，必须把试卷和答题卡放在桌子上，等监考人员收回、清点后，才能离场。

一、听力理解

（40 题，约 30 分钟）

第 一 部 分

说明： 1～15 题，这部分试题，都是两个人的简短对话，第三个人根据对话提出一个问题，请你在四个备选答案中选出唯一恰当的答案。

例如： 第 8 题，你听到：

第一个人说：……

第二个人说：……

第三个人说：……

你在试卷上看到四个答案：

A 衬衫　　**B** 毛衣　　**C** 裤子　　**D** 鞋子

第 8 题唯一恰当的答案是 **C**，你应该在答题卡上找到号码 8，在字母 **C** 上画一横道。横道一定要画得粗一些，重一些。

8［**A**］　［**B**］　▬　［**D**］

1. **A** 付账
   B 传文件
   C 发图片
   D 发语音

2. **A** 兄妹
   B 母子
   C 夫妻
   D 同事

3. **A** 男的功夫很强
   B 男的平时很用功
   C 男的在图书馆工作
   D 男的在考试前才复习

4. **A** 失去了工作
   B 没找到工作
   C 不喜欢工作
   D 工作出错了

5. **A** 饺子
   B 川菜
   C 拌面
   D 牛肉面

6. **A** 兄妹
   B 姐弟
   C 母子
   D 同学

7. **A** 羡慕
   B 嫉妒
   C 高兴
   D 无所谓

8. **A** 不愿意看孩子
   B 带孩子去外面
   C 男的不必客气
   D 男的不该加班

9. A 营销
   B 文学
   C 数学
   D 计算机

10. A 街上
    B 超市
    C 照相馆
    D 电影院

11. A 旅游
    B 送礼物
    C 买礼物
    D 过七夕

12. A 找工作
    B 考研究生
    C 还没决定
    D 边工作边考研

13. A 准备上场
    B 背演讲稿
    C 讽刺男的
    D 鼓励男的

14. A 男的喜欢跑步
    B 男的经常听讲座
    C 李教授不允许迟到
    D 李教授的讲座很受欢迎

15. A 男的的旧病犯了
    B 女的的旧病犯了
    C 女的的脸发白了
    D 说话人的爸爸旧病犯了

第 二 部 分

说明： 16 ～ 40 题，这部分试题中，你将听到几段简要的对话或讲话。每段话之后，你将听到几个问题，请你在四个书面答案中选出唯一恰当的答案。

例如： 第 25 ～ 27 题，你听到：

第一个人说：……

第二个人说：……

……

第三个人根据这段对话提出三个问题：

25. 问：……

你在试卷上看到四个答案：

A 饭馆　　**B** 邮局　　**C** 商店　　**D** 路口

根据对话，第 25 题唯一恰当的答案是 **A**，你应该在答题卡上找到号码 25，在字母 **A** 上画一横道。横道一定要画得粗一些，重一些。

25 [redacted]　　[**B**]　　[**C**]　　[**D**]

你又听到：

……

27. 问：……

你在试卷上看到四个答案：

A 寄信　　**B** 打电话　　**C** 取包裹　　**D** 买报纸

根据对话，第 27 题唯一恰当的答案是 **D**，你应该在答题卡上找到号码 27，在字母 **D** 上画一横道。横道一定要画得粗一些，重一些。

27 [**A**]　　[**B**]　　[**C**]　　[redacted]

如果是一段讲话，在播放完讲话后，提出几个问题。

16. **A** 教室
B 操场
C 商店
D 广场

17. **A** 快考试了
B 汇报成绩
C 出去玩儿
D 下午不上课

18. **A** 妈妈让他马上回家
B 妈妈布置了很多作业
C 妈妈不让他去放风筝
D 妈妈批评他学习不用功

19. **A** 平时练得少
B 经常不及格
C 总被人笑话
D 没有人指导

20. **A** 不会读轻声
B 声调读不准
C 基础不太好
D 不熟悉成语

21. **A** 多说
B 多听
C 多看
D 多写

22. **A** 消防安全验收
B 保安人员培训
C 消防器材使用
D 火灾扑救考核

23. **A** 24 小时巡逻
B 灭火器的使用
C 一般火灾扑救
D 重大火灾扑救

24. **A** 掌握五个熟悉
B 各项考核过关
C 掌握消防基本功
D 完成救火实战训练

25. **A** 消防器材和责任区
B 重点规定和重点物质
C 重点部位和重点人员
D 重点客户和重点部门

26. **A** 让客户先还银行的钱
B 让客户支付一些利息
C 与客户一起承包工程
D 让客户与供应商谈合作

27. **A** 商人帮他还清了贷款
B 商人帮他付了违约金
C 商人让他赚到了一些钱
D 商人让他结识了更多供应商

28. **A** 个人信用很重要
B 人际关系必不可少
C 做生意要懂得互惠互利
D 不能只顾眼前的小利益

29. **A** 睡前
B 餐后
C 餐中
D 起床后

30. **A** 喝浓咖啡
B 喝淡咖啡
C 与饭菜同饮
D 先喝一口白水

31. **A** 可扩张肾脏血管
B 提高思考和感觉能力
C 缓解耳鸣和心肌亢进
D 延缓衰老并提高免疫力

32. **A** 晚上不能喝咖啡
B 咖啡要适量饮用
C 咖啡比茶的提神作用更好
D 口中有异味的人不能喝咖啡

33. **A** 饺子
B 烧饼
C 包子
D 面条儿

34. **A** 韩国
B 日本
C 意大利
D 印度尼西亚

35. **A** 中国
B 日本
C 英国
D 印度尼西亚

36. **A** 日本的面条儿种类最多
B 意大利人很喜欢吃面条儿
C 面条儿在世界各国都随处可见
D 面条儿在世界饮食文化中不太出名

37. **A** 图书馆里没有
B 管理员没有找到
C 他不是北大的老师
D 馆长担心遗失不让借

38. **A** 准备帮他找这些书
B 这是图书馆的规定
C 馆长要求他这么做
D 准备自己找来阅读

39. **A** 刘文典是大学者
B 他也想成为教授
C 馆长向他推荐的
D 刘文典是他的导师

40. **A** 我们应该多读好书
B 要有成为学者的野心
C 人生处处都可以学习
D 图书管理员也可以成才

二、阅读理解

（40 题，45 分钟）

说明：41 ～ 80 题，每段文字后都有几个问题，每个问题都有 **ABCD** 四个答案，请你阅读后根据每题要求选择唯一恰当的答案，并在答题卡的相应字母上画一横道。

41

生物降解淀粉餐饮具制造技术采用从芭蕉芋中提取出的淀粉为主要原材料，加入一年生长期植物纤维粉和特殊的添加剂，经过化学和物理方法处理制成生物全降解餐饮具。由于淀粉是一种可生物降解的天然高分子物质，在微生物作用下会分解为葡萄糖，最后分解为水和二氧化碳，因此这种餐饮具对环境没有任何污染。

【41】文中画线词语拼音正确的一项是：

A 降解（xiángjiě）

B 淀粉（diànfěn）

C 纤维（qiānwéi）

D 处理（chùlǐ）

42 ～ 44

很多人一副太阳镜一用就是很多年。其实，太阳镜也是有保质期的，保质期长短与佩戴时间、镜片材质、佩戴习惯、地域或日照等都有关系。一般来说，太阳镜的最佳使用期限大致为两年。首先，太阳镜最容易磨损老化的地方是镜片和镜架的关节部位。镜片磨损了，靠眼睛__42__来努力看清，时间久了会增加眼睛疲劳度，从而__43__视力下降。其次，镜片长时间接受日光暴晒，会__44__防紫外线的能力，容易造成眼角膜受损。

【42】文中__42__处应该填写的词语是：

A 调换

B 调节

C 调动

D 调和

【43】文中__43__处应该填写的词语是：

A 影响

B 结果

C 引导

D 导致

【44】文中__44__处应该填写的词语是：

A 减轻

B 减少

C 降低

D 消除

45 ～ 47

我们的情绪大脑比理智大脑强大太多，都知道坚持下去会有效果，但我们的内心则更__45__于获得即时满足。既然是这样，那我们可以把任务变得简单一些。

拿健身来说，每天坚持做 10 个俯卧撑，不要__46__自己，把它当作一种挑战。把它贯穿于每天的生活中，每天走出舒适区一点点，短期内可能看不到太大的变化，但当你坚持一个月，一年，五年之后呢？跟没有这些好习惯的人就拉开了差距，你们所看到的世界已经完全不同。

一个清晰的目标，让我们围绕着一个点去积累；一些好习惯，让这种积累在生活的潜移默化中成长。看起来，你每天都在做同样的事情，但其实你每天都在为你的未来__47__力量。

【45】文中__45__处应该填写的词语是：

A 盼望
B 倾向
C 期待
D 渴望

【46】文中__46__处应该填写的词语是：

A 增强
B 强迫
C 强制
D 强大

【47】文中__47__处应该填写的词语是：

A 集中
B 汇合
C 积蓄
D 累计

48 ～ 50

无论是倾听他台上浑厚雄壮的歌声，还是在台下听他侃侃而谈，田浩江的声音都有着一种不可抗拒的吸引力。专业训练令他的音质低沉浑厚，__48__他的歌声，与他面对面交流，都是一种享受。

从北京锅炉厂到纽约大都会歌剧院，田浩江凭借自强不息的努力，改写了人生轨迹，成为世界歌剧舞台上最知名的华裔歌唱家之一。尽管在海外漂泊多年，但他__49__有一颗中国心。他用着国产手机，积极参与中国原创歌剧的制作和演出，大力扶持青年歌唱家，以传播中华文化为己任。这几年，他与江苏__50__合作，由他与夫人创办的国际青年歌唱家艺术节落户苏州，架起了中西方文化沟通交流的桥梁。

【48】文中__48__处应该填写的词语是：

A 听取
B 聆听
C 听话
D 听说

【49】文中__49__处应该填写的词语是：

A 依旧
B 依据
C 依靠
D 依照

【50】文中__50__处应该填写的词语是：

A 机密
B 严密
C 秘密
D 密切

51 ～ 53

四十多年前，中国的大白兔奶糖曾是 70 后、80 后童年时代的美好回忆。如今，大白兔作为中国消费者热爱的本土品牌之一，重新__51__人们的兴趣。尼克松访华时，周恩来总理曾向他赠送大白兔奶糖。如今，这种糖果与其他一些历史上有名的本土品牌一道，乘着国货热潮以跨界新形象吸引着新一代年轻消费者。

此类需求将助推中国经济转向本土消费驱动，以__52__出口减少、经济放缓及贸易战的影响。国潮还将提供中国打造本土品牌和服务的动力，减少对国外进口的依赖。在这轮国潮热中，不仅像大白兔奶糖、回力运动鞋、上海晨光文具等历史__53__的老品牌从中获利，新的国产品牌也加入了其中。

【51】文中__51__处应该填写的词语是：
- **A** 呼唤
- **B** 诱惑
- **C** 引发
- **D** 引出

【52】文中__52__处应该填写的词语是：
- **A** 对立
- **B** 应付
- **C** 应对
- **D** 迎接

【53】文中__53__处应该填写的词语是：
- **A** 好久
- **B** 长远
- **C** 悠长
- **D** 悠久

54 ～ 56

近几年有种观点很流行：你的房间，就是你的生命状态；看你的家，就知道你是什么样的人。对此，不少人表示赞同。试想，面对被杂物塞满的房间和没有任何美感的布置，你一定也感觉自己的生活一团乱麻、毫无生气。可能你会说，房子是租来的，收拾得再好也不是自己的，或者我没时间、没精力、没钱去布置收拾啊。

如果你也这么想，就大错特错了。物品的混乱能反映出你邋遢随意、得过且过的人生态度，你只能在最美、最年轻的时候，睡在一间昏暗的房间里，一直在憧憬未来，却总也过不好当下；也能反映出你是个不擅规划、思考和反省的人，看似很忙，实则因为捋不清思路，做事没有计划，导致效率极其低下。

一项研究甚至表明，不幸的人通常生活在零乱和肮脏的环境中，而幸福感强的成功人士往往居家环境十分干净整洁。当我们处理好人、物品、空间的关系，把周围的一切变得井然有序时，我们自己也就变得井然有序了。每一个整理和简化的动作都让我们坚信：生命中有些事是能够被我们牢牢掌控的。我们每个人都可以通过管理生活改写自己的人生，而且即便工作再忙，也能把生活经营得丰富多彩。

【54】对于租来的房子，我们最起码应该：

A 任其杂乱肮脏

B 随意堆放杂物

C 花费精力装修

D 打扫干净整洁

【55】根据本文，不幸的人的生活状态是：

A 年轻时不思进取

B 缺乏思考和反省

C 工作忙乱无计划

D 生活环境杂乱无章

【56】根据本文，人、物品、空间三者的关系应该是：

A 互不相干

B 相互牵制

C 井然有序

D 互为因果

57 ～ 60

弯道超越，原是赛车场上的术语，意思是车手利用弯道超越对手。弯道是每个车手都必须面对的，相对于直道而言，弯道上困难大、变数多。过弯道时，原本领先的车手可能因为弯道而落后，而本来落后的车手也可能利用弯道超越对手。

在 F1 赛场上最精彩的莫过于超车，而超车一般都在弯道路段上演，因为赛车在直道上行驶，大家都全速前进，一般是很难超越的，而到弯道时，优秀的车手往往可以凭借丰富的经验、过人的胆识和高超的技术伺机超越。

现在，"弯道超越"这一用语已被赋予了新的内涵，并被广泛借用到政治、经济和社会生活的诸多方面。其中的"弯道"一般被理解为社会进程中的某些变化期或人生道路上的一些关键点。这种特殊的阶段充满了各种变化的因素，极富风险与挑战，更蕴含着超越对手、超越自我的种种机遇。

超越人生的弯道，与其说是超越种种艰难险阻，不如说是超越自我。只有超越了你的平庸、懒惰和自卑，你才会获得超越人生弯道的胆识和动力。如果你缺少一个明确的奋斗目标以及实现这个目标的信念，你必然望弯道而却步、掉头。只有摆脱了你的脆弱、浮躁和投机取巧，你才会获得超越人生弯道的顽强意志和可能性。

【57】F1 赛车场上最精彩的是：
A 赛车手
B 弯道超车
C 赛车的品牌
D 直线全速前进

【58】相对于直道，弯道：
A 困难相对较小
B 一般很难超车
C 是赛车场上的术语
D 更能检验车手的技术

【59】"弯道"的新内涵是指：
A 超越自我
B 超越对手
C 人生的新机遇
D 社会变化期或人生关键点

【60】超越人生的弯道需要的是：
A 名人指导
B 敢于变化
C 超越自我
D 投机取巧

61 ～ 63

尽管新能源汽车的发展形势一片大好，但新能源汽车在研究与使用上还是存在着一些技术难题。

首先，新能源汽车摒弃了传统汽车使用石油作为燃料的方式，采用了低耗能、对环境污染较小的电池作为动力，而电池必然存在着续航的问题。若是汽车需要长途行驶，电池续航能力可能不足，再加上车内的空调和暖风等其他设备的使用也需要用电，那么使用电池就不如使用石油来得方便。基于此，人们对新能源汽车的接受便受到了影响。

其次，用户一旦使用了新能源汽车，当务之急就是寻找充电站以便及时充电，但据不完全统计，国内充电站的数量远远不能满足需求，并且分布不够合理，大多分布在偏远的公共场所，给车主带来了诸多不便。再加上现如今土地资源稀缺，导致了充电站的建立困难重重，这很大程度上要依靠政府的扶持。这些难题都亟待解决。

目前新能源汽车虽然也有不小的销量，但与传统汽车的销量相比，还是有一定的差距。这主要与用户对新能源汽车的接受度以及新能源汽车自身的质量有关。用户使用汽车是为了给日常生活带来方便，而不是为了接受新事物不惜影响日常生活。因此，未来若想打开新能源汽车的市场，提高销量，必须要进一步加强对新能源汽车的研究，改进自身的技术，攻克技术难题，逐步使新能源汽车的优越性与便利性超过传统汽车，性价比更高。

【61】影响人们接受新能源汽车的主要原因是：

A 存在安全隐患

B 电池续航力不足

C 驾驶操作较复杂

D 使用的燃料不一样

【62】根据本文，新能源汽车充电站：

A 由汽车供应商建立

B 分布在城乡结合地区

C 数量远不能满足需求

D 靠政府支持才可建立

【63】与传统汽车相比，新能源汽车的最大不足是：

A 价格比较高

B 技术不过关

C 不适合长途

D 便利性较弱

64 ～ 67

农历年三十，也称除夕。按照习俗，除了菜肴外，南方要吃年糕，北方要吃饺子。除夕吃饺子和年糕均有象征意义，寓意是在新年发财。

饺子大概来自唐朝时期的西域，是一种带馅儿的面食。宋代称“角儿”，有不同的馅儿心，尚属点心一类。元代称“匾食”，明代也一样，并开始成为过年必不可少的吉祥食品。

旧时过春节的饺子馅儿，大致分为：羊肉白菜馅儿，通称荤饺子；干菠菜白肉汤馅儿，通称汤饺子；各种油炸素货加白菜拌成的素馅儿，通称素饺子。现如今，饺子馅儿的种类已越来越多。

饺子成为北方除夕的标志食品，一方面因为饺子本身味儿美，中国民间有“饺子就酒，越喝越有”“好吃不如饺子”等说法。更为重要的原因是，饺子具有文化象征意义，饺子是时间的象征物，新旧年度的时间交替在午夜子时，吃饺子表示辞旧迎新，除旧布新。为此，后人又赋予饺子“更岁交子”之意，“子”为“子时”，“交”与“饺”谐音，有喜庆团圆和吉祥如意的意思。又由于饺子形状像银元宝，一盆盆端上桌来，还象征着“新年发大财，元宝滚进来”。

年糕谐音“年年高”，因此，南方人有在除夕吃年糕的风俗。年糕的样式很多，颜色也不少，特别是方块状的黄、白年糕，象征金银财宝，寓意是新年发财，财源滚滚。

【64】在明代，饺子叫：
- A 角儿
- B 匾食
- C 饺子
- D 馄饨

【65】称饺子是吉祥食品是因为：
- A 饺子馅儿多味儿美
- B 吃饺子是过年的习俗
- C 饺子是从西域传来的美食
- D 饺子有多种美好的象征意义

【66】象征金银财宝的年糕的形状是：
- A 圆形
- B 元宝形
- C 方块状
- D 长条状

【67】对“饺子是时间的象征物”一句理解正确的是：
- A 吃饺子表示辞旧迎新
- B 吃饺子象征新年大发财
- C 北方人每年除夕都吃饺子
- D 在新旧年交替的子时吃饺子

68 ～ 71

小公司与大公司的资源禀赋是不同的，这决定了二者在用人策略上存在明显差异。小公司往往需要多面手，一人分饰几个角色，或是具备独当一面的能力，可以帮助老板排忧解难。大公司为了实现制度化管理，确保高效运行，则需要专业性的人才。

联想集团有限公司一位高管曾说过这样的话："当公司小的时候，一定要身先士卒，但是当公司上了一定规模以后，一定要退下来。要做大事，非得退下来，用人去做。如果我一直身先士卒，就没有今天的联想了。"这段话，实际上道明了小公司与大公司用人上的差异。对小公司来说，老板必须充当先锋的角色，带着大家一起干。对大公司来说，老板则要甘居幕后，聘用有才华的人施展本事，让公司焕发生机与活力。

小公司处于创业初期，或者受到自身业务规模的限制，往往需要独当一面的人。老板在聘用员工的时候，往往希望对方是多面手，一人可以分饰几个角色，这样最划算。小公司规模小、实力弱，一般缺乏聘用高水平能人的实力，所以在用人上需要精打细算。

大公司进入稳定的发展阶段，客户、业务、生产都会固定下来，需要按部就班运行。这时候，公司就需要制度化、流程化运营，需要在运行的各个环节设置专门人才，确保整个系统高效、科学地带来持续的盈利。因此，大公司更需要专业性的人才。大公司有聘用人才的资本和实力，能轻易找到人才，从而组建优秀的团队。对老板来说，让人才配合好、发挥自身潜能、迎接市场竞争，才是重中之重。

对创业期间的小公司来说，老板面临的最大困难是人力成本过高。在产品没有完全定型、方向不是百分之百有把握的时候，最重要的是把团队的成本控制到最低，从而以低成本试错，不断调整，让团队跟公司一起成长。

【68】联想集团高管的话告诉我们：

A 要做大事，老板必须身先士卒

B 公司小的时候，老板要甘居幕后

C 公司发展的不同阶段，用人策略也不同

D 公司上了规模以后更要注重多面手的培养

【69】与小公司相比，大公司在管理上具有的特点是：

A 稳定性

B 规范化

C 团队化

D 制度化

【70】对大公司老板来说，最重要的是：

A 吸纳更多专业人才

B 充分发挥人才潜能

C 组建更多优秀团队

D 积极参与市场竞争

【71】对小公司来说，最重要的是：

A 降低试错率

B 控制人力成本

C 提升人才专业化

D 确定产品生产方向

72 ～ 74

猝死已经被证明与心血管疾病有极大关系，而影响心血管疾病的因素，包括高血压、高血脂等，则直接影响一个人发生猝死的几率。通过对高血压、高血脂等疾病的发病因素的研究，我们发现，受南北不同生活环境和生活方式的影响，北方人猝死的可能性比南方人更大。

北方人口味重是一个比较致命的饮食习惯。北方人吃东西往往比南方人咸得多。我国南方地区的人口味普遍比较清淡，在饮食烹饪上倾向于吃食物的原味，很少使用大量的调味佐料；而北方人向来做菜时放盐更多一些，尤其是农村地区的人，咸菜也是北方冬天必备的日常菜肴之一，这都大大增加了食盐的摄入量。

据统计，我国广东、福建、海南平均每人每天的食盐摄入量在 6 克左右，基本符合世界卫生组织的要求，江浙、上海一带吃得也算清淡，每人每天的食盐摄入量大约为 9 克，但到中部地区，湖北、河南、山东一带就高出两广一倍，达到了每天 12 克，再到东北地区更是高达 15 克，超出世界卫生组织的健康标准近两倍，这种情况很容易引发高血压。高血压对心血管的伤害很大，猝死的可能性就增加了。

北方的冬天，是心脑血管病的高发季节。北方冬天时间长，气候寒冷，不利于血压的控制，很容易成为心血管疾病的危险潜伏期。一方面，寒冷的天气会引起血管收缩和痉挛，这样血流会不太顺畅，血压也很容易升高；另一方面，寒冷会使人的活动力减弱，脑、心肌、内脏血液灌流减少，心脑血管供血供氧不足，易突发心绞痛、心脑梗死等。

从国内外的研究来看，血压如果得不到有效的控制，随着血压的增高，冠心病、脑血管病的发生机会都会上升，而冠心病、脑血管病都是导致猝死的直接原因。如果患有高血压，再加上运动过少、过度疲劳，发生猝死就不是意料外的事情了。

【72】关于北方人与南方人的饮食，下列说法正确的是：

A 北方人吃得清淡，南方人喜欢吃咸

B 北方人和南方人每到冬天都必备咸菜

C 北方农村地区的人夏天口味重，冬天口味淡

D 北方人做菜放盐偏多，南方人偏重食物的原味

【73】与世界卫生组织建议的每人每天食盐摄入量的标准最接近的是：

A 6 克

B 9 克

C 12 克

D 15 克

【74】本文的主题是：

A 为什么北方人更容易猝死

B 南方人比北方人更容易猝死

C 如何通过饮食预防心血管疾病

D 北方人与南方人不同的饮食口味

75 ～ 77

3D 打印技术又被称作“快速成型技术”，其理念起源于 19 世纪末的照相雕塑和地貌成形技术，是基于材料堆积法的一种高新制造技术。

3D 打印机的工作原理就是根据要打印的物体形状，通过一层层的材料堆积，打印出目标物体。与传统制作工艺相比，它不是减掉你不需要的部分，而是增加你需要的部分。目前 3D 打印机可打印的材料主要有石膏、尼龙、塑料、树脂、金属、陶瓷等，这些原材料都是专门针对 3D 打印而研发的新材料，其形态一般有粉末状、丝状、液体状等。

3D 打印机还可以打印传统工艺制作不了的一些结构零件。只要三维设计软件能设计出来的，打印机都可以打印出来。比如传统工艺中的实心部分无法做成空心，但是 3D 打印机就可以通过设置，将里面做成空心，直接打印出来，还能节省很多材料。

3D 打印机也有其自身的局限性。由于其精度直接达到模具成型出来的那种程度，所以打印机的价格普遍比较昂贵。民用级的价格稍低，但精度不足。另外，不同的材质需要不同的 3D 打印机，也就是说，暂时没有一种打印机能通吃所有材料。《经济学人》有篇文章指出，3D 打印机有可能涉及知识产权。如同音乐作品一样，数字文件更容易复制和扩散，新产品的设计构想一旦流入互联网，那么被盗版的概率将大大增加。

但是，这些都没有阻止人们对 3D 打印技术的憧憬和向往，随着 3D 打印技术的发展，将会有越来越多的新工艺、新材料、新装备陆续出现，3D 打印也将能更好地满足用户的大部分个性定制需求。

3D 打印技术可用于珠宝、鞋类、工业设计、建筑、工程和施工、汽车、航空航天、牙科和医疗产业、教育、地理信息系统、土木工程和许多其他领域。常常在模具制造、工业设计等领域被用于制造模型或者用于一些产品的直接制造，这意味着该项技术正在普及。

【75】关于 3D 打印机的材料，下列说法正确的是：

A 与传统打印机使用的材料一样

B 是用三维设计软件设计出来的

C 就是传统的石膏、尼龙、树脂等材料

D 一般呈粉末状、丝状、液体状等形态

【76】3D 打印优于传统制作工艺的方面是：

A 有更多时间研发新产品

B 所用的打印材料更加多样

C 物品成型速度快，节省材料

D 是基于材料堆积法的高新技术

【77】3D 打印机今后面临的最大问题可能是：

A 被更新的产品替代

B 对材料的要求越来越高

C 设计构想被复制和扩散

D 因价格昂贵而难以推广

78 ～ 80

近年来，法国中国文化中心以及落户各地的孔子学院组织的各类文化活动，让法国普通民众有了更多近距离接触和体验中国文化的机会，也让中国文化更加深入法国民众的内心。

作为中国在西方国家建立的第一个国家文化中心，巴黎中国文化中心成立15年来，已经成为法国民众了解中国文化最直接的窗口和平台。巴黎中国文化中心打造了一系列品牌活动，如：法国中国电影节，通过电影展示与研讨，推进了两国电影领域的交流与合作，促成了几部合拍电影；中国传统戏曲节，培养了一批法国戏迷；中国曲艺节，让法国友人了解了这一特殊的艺术形式。与此同时，中心还围绕春节和中秋节这两个中国传统节日积极策划，希望让“欢乐春节”“天涯共此时”这两个已经在世界范围内拥有影响力的中国文化品牌活动在法国更加深入人心，成为拉近两国民众距离的桥梁和纽带。

一年前，我驻法使馆教育处组织动员在法国的国家公派汉语教师和志愿者，在其任教的21个城市的30所大中小学举办了“中国日”或“中国周”活动。活动历时近两个月，共计近万名学生和家长以及当地数万名市民参加。活动通知发出后，各地学校校长积极支持配合，通过公派教师和志愿者以书面形式提出申请，以春节晚会、中文歌唱比赛、中国民间艺术文化展、中国电影欣赏、中国知识竞赛、传统书法展、文化历史讲座、中华传统小吃品尝会等多种形式开展活动。

“中国日”或“中国周”活动主题鲜明，不仅活动内容丰富多样，而且活动辐射面广，不仅有学习中文的学生，也有学生家长与当地市民参与，更有多校联合举办演出或展示，扩大了活动的规模和影响力。法国媒体也对活动进行了报道，社会影响力很大。活动通过颇接地气的形式，加深了中法两国人民的友谊和民众之间的交流，使更多的法国学生和民众进一步了解了日益繁荣的中国，激发了他们学习中文的兴趣，加深了他们对中国文化的热爱。越来越多的法国学生希望有机会前往中国学习交流，成为中法沟通的青年使者，早日实现自己的“中国梦”。

【78】根据本文，巴黎中国文化中心围绕中秋节策划的活动可能是：

A 中国周

B 中国日

C 欢乐春节

D 天涯共此时

【79】关于“中国日”或“中国周”活动，下列说法正确的是：

A 在30所大学举办

B 法国全国有近万人参加

C 形式多样，辐射全巴黎

D 加深了法国人民对中国文化的了解

【80】最适合做本文标题的一项是：

A 中国文化深入法国人心

B 孔子学院落户法国巴黎

C 巴黎中国文化中心成立

D 法国学生开始学习中文

3·3·3·3·3·3·3

三、书面表达

（16 题，45 分钟）

第 一 部 分

（15 题，10 分钟）

说明：81 ～ 90 题，在每题的语句中有一个或两个空白处，题后有 **ABCD** 四个备选答案，其中只有一个可以放入空白处使语句表达通顺。请选出唯一恰当的答案，并在答题卡的相应字母上画一横道。

81. ________奋发图强好好学习，________会有更好的机会发挥自己的才能。

A 既然……就……

B 只有……才……

C 无论……都……

D 即使……也……

82. ________不加肥料，这玉米________不会长这么高。

A 如果……就……

B 只有……才……

C 一边……一边……

D 因为……所以……

83. 列车员________。

A 火车上的乘客都让出示一下车票

B 都让火车上的乘客出示车票一下

C 让火车上的乘客都出示一下车票

D 都火车上的乘客让出示一下车票

84. 因为刚下过雪，路上湿滑，所以尽管车少，但________难走了。

A 与下雪前

B 比下雪前

C 跟下雪前

D 对下雪前

85. 下雨了，没带伞的人 ______________。
A 都急匆匆地往家赶
B 急匆匆地都往家赶
C 往家都急匆匆地赶
D 赶往家都急匆匆地

86. ______________，人们怎能不感动？
A 他听了英雄事迹的见义勇为
B 他见义勇为的听了英雄事迹
C 听了他见义勇为的英雄事迹
D 见义勇为的英雄事迹他听了

87. 这口井______________，用她的乳汁哺育着她的儿女。
A 像一位温情的母亲
B 像温情的母亲一位
C 像一位母亲的温情
D 像母亲的温情一位

88. 这件事咱们也有不对的地方，______________。
A 最好还是去向人家说清楚
B 还是去向人家最好说清楚
C 还是最好去向人家说清楚
D 还是去最好向人家说清楚

89. 我们的老师平时穿得很朴素，今天穿了______________。
A 一件漂亮的绿色礼服
B 一件绿色漂亮的礼服
C 漂亮的一件绿色礼服
D 一件绿色礼服漂亮的

90. 离开那座城市已经好些日子了，脑海里______________。
A 还总是恍恍惚惚地记得那一夜
B 还恍恍惚惚地记得总是那一夜
C 总是还恍恍惚惚地记得那一夜
D 总是恍恍惚惚地那一夜还记得

说明：91～95 题，在这一部分里，每题的语句中有 **ABCD** 四个带有下划线的词语，去掉其中某一个词语会使句子表达产生错误。请找出这个词语，并在答题卡的相应字母上画一横道。

91. 齐白石是世界著名的大画家，他画的花鸟鱼虫就像活的一样，深受各国人民的喜爱。
　　A（世界）　**B**（大）　**C**（像）　**D**（各国）

92. 随爸妈来到上海浦东已经一年了，我还是很怀念原来的学校，怀念教过我的老师，怀念我的同学。
　　A（随爸妈）　**B**（已经）　**C**（还是）　**D**（我）

93. 生活处处有语文，只要你平时做个有心人，细心观察，不断积累，你就会发现，学校以外的大社会也是我们学习语文的大课堂。
　　A（只要）　**B**（个）　**C**（大）　**D**（的）

94. 我们每天打交道的人是各种各样的，这就要求我们平时多观察生活，多思考生活，对生活中接触到的人多留心一下。
　　A（是）　**B**（平时）　**C**（多）　**D**（一下）

95. 人们喜爱蜜蜂，赞美蜜蜂的辛勤劳动。画家画了不少采蜜图，诗人写了不少赞蜂诗，甚至刚会说话的孩子也唱着“我们的生活比蜜甜……”。
　　A（辛勤）　**B**（不少）　**C**（甚至）　**D**（比）

请接下去进入作文考试

MHK

模拟试题（三）

卷 Ⅱ

书面表达第二部分

（作文，35 分钟）

作 文 要 求

1. 写作前认真阅读作文提示，按提示要求在规定的时间内写完。
2. 用简体字书写。每个空格写一个字，书写要清楚工整；每个标点符号占一个或两个空格，标点符号使用要规范。
3. 作文中不得出现跟考生有关的校名、地名和真实姓名。
4. 保持卷面整洁，不得涂画损坏答卷。

作文提示：

考试是同学们上学以来经常经历的事。考试给同学们带来的有成功的快乐，也有失败的懊恼……哪一次考试最令你难忘呢？

请以《一次难忘的考试》为题写一篇记叙文，全文不得少于 350 字。

MHK
口试模拟题（三）
（三 级）

一、朗读

有这样一位乡村女教师，她一直希望为贫困地区的孩子盖一所学校，为此跑到许多企业去募捐。

这天，她来到一位企业家的办公室。这家企业很有名，所以找他募捐的人很多，其中也有不少骗子。时间久了，企业家对上门募捐的人就不大相信了。当这位乡村老师说明来意后，只见企业家从衣兜里掏出 10 块钱，扔在办公桌上说："真不巧，我兜里就这么点儿钱了，你拿走吧。"很明显，企业家把她当成骗子了。她什么都没说，拿着 10 块钱走了。

女孩儿用这 10 块钱买了一把花生种子，种在自己的院子里。她精心施肥浇水，到秋天时收获了满满一箱花生。她带着这箱花生再次找到企业家，开门见山地说："这次，我不是来要钱的，是来还您钱的。年初您资助我 10 块钱，我用这些钱买了种子，种出了一箱花生，现在还给您。如果您能资助我一些钱用于盖学校，相信回报一定会更大。"企业家看着花生地的照片和一大箱花生，对这位乡村教师由衷敬佩，当即签了张 20 万元的支票交给了她。

口舌之辩并不能消除误解，唯有真诚的行动才能赢得人心。

二、回答问题

问题 1：为什么企业家第一次只给了 10 块钱？

问题 2：你有过被人误解的时候吗？你是如何回应别人的误解的？

MHK

（三级）答题卡

白 色 检 测 区 ， 请 勿 污 染 ！

姓　　名：＿＿＿＿＿＿＿＿

性　　别：男□　女□　试卷号码：＿＿＿＿

考 场 号：＿＿＿＿　座 位 号：＿＿＿＿

考 生 号：＿＿＿＿＿＿＿＿

填涂说明

1. 答题前，考生先将自己的姓名等项填写清楚。
2. 选择题必须使用 2B 铅笔填涂，作文必须使用黑色或蓝色签字笔书写，应字体工整、笔迹清楚。
3. 保持卷面整洁，不要折叠、弄破，不准使用涂改液、刮纸刀。
4. 填涂示例：正确填涂 ▆

错误填涂 [A][B][C][D]

贴条形码区

姓名

考场号

A ▆

选 择 题

1[A][B][C][D]	21[A][B][C][D]	41[A][B][C][D]	61[A][B][C][D]	81[A][B][C][D]
2[A][B][C][D]	22[A][B][C][D]	42[A][B][C][D]	62[A][B][C][D]	82[A][B][C][D]
3[A][B][C][D]	23[A][B][C][D]	43[A][B][C][D]	63[A][B][C][D]	83[A][B][C][D]
4[A][B][C][D]	24[A][B][C][D]	44[A][B][C][D]	64[A][B][C][D]	84[A][B][C][D]
5[A][B][C][D]	25[A][B][C][D]	45[A][B][C][D]	65[A][B][C][D]	85[A][B][C][D]
6[A][B][C][D]	26[A][B][C][D]	46[A][B][C][D]	66[A][B][C][D]	86[A][B][C][D]
7[A][B][C][D]	27[A][B][C][D]	47[A][B][C][D]	67[A][B][C][D]	87[A][B][C][D]
8[A][B][C][D]	28[A][B][C][D]	48[A][B][C][D]	68[A][B][C][D]	88[A][B][C][D]
9[A][B][C][D]	29[A][B][C][D]	49[A][B][C][D]	69[A][B][C][D]	89[A][B][C][D]
10[A][B][C][D]	30[A][B][C][D]	50[A][B][C][D]	70[A][B][C][D]	90[A][B][C][D]
11[A][B][C][D]	31[A][B][C][D]	51[A][B][C][D]	71[A][B][C][D]	91[A][B][C][D]
12[A][B][C][D]	32[A][B][C][D]	52[A][B][C][D]	72[A][B][C][D]	92[A][B][C][D]
13[A][B][C][D]	33[A][B][C][D]	53[A][B][C][D]	73[A][B][C][D]	93[A][B][C][D]
14[A][B][C][D]	34[A][B][C][D]	54[A][B][C][D]	74[A][B][C][D]	94[A][B][C][D]
15[A][B][C][D]	35[A][B][C][D]	55[A][B][C][D]	75[A][B][C][D]	95[A][B][C][D]
16[A][B][C][D]	36[A][B][C][D]	56[A][B][C][D]	76[A][B][C][D]	
17[A][B][C][D]	37[A][B][C][D]	57[A][B][C][D]	77[A][B][C][D]	
18[A][B][C][D]	38[A][B][C][D]	58[A][B][C][D]	78[A][B][C][D]	
19[A][B][C][D]	39[A][B][C][D]	59[A][B][C][D]	79[A][B][C][D]	
20[A][B][C][D]	40[A][B][C][D]	60[A][B][C][D]	80[A][B][C][D]	

书面表达（作文）

（35 分钟）

作 文 要 求

1. 写作前认真阅读作文提示，按提示要求在规定的时间内写完。
2. 用简体字书写。每个空格写一个字，书写要清楚工整；每个标点符号占一个或两个空格，标点符号使用要规范。
3. 作文中不得出现跟考生有关的校名、地名和真实姓名。
4. 保持卷面整洁，不得涂画损坏答卷。

翻开此页到背面答题

注意作文格式及字数要求

白色检测区，请勿污染！

100字

200字

300字

400字

500字

600字

MHK

模拟试题（四）

（三　级）

卷　Ⅰ

注 意 事 项

一、**MHK**（三级）考试试卷分为卷Ⅰ和卷Ⅱ两部分：

1. 卷Ⅰ为客观选择题，每题都有四个供选择的答案，要求在答题卡上画出代表正确答案的字母，每题只能画一横道，如 **[A]**　█　**[C]**　**[D]**，多画作废。

   请考生注意：卷Ⅰ使用阅读机阅卷，答案必须用铅笔画在答题卡上，不能写在试卷上。

   卷Ⅰ包括三项内容，共95题。

   （1）听力理解（40题，约30分钟）

   （2）阅读理解（40题，45分钟）

   （3）书面表达（15题，10分钟）

2. 卷Ⅱ为书面表达主观题（作文），35分钟。内容用黑色钢笔或签字笔写在答题卡的方格内。

   全部考试时间约120分钟。

二、注意每部分试题的答题说明，严格按照说明的要求，在规定的时间内回答问题。

三、严格遵守考试规则，听从主考人员的指挥。考试结束后，必须把试卷和答题卡放在桌子上，等监考人员收回、清点后，才能离场。

一、听力理解

（40 题，约 30 分钟）

第 一 部 分

说明： 1～15 题，这部分试题，都是两个人的简短对话，第三个人根据对话提出一个问题，请你在四个书面答案中选出唯一恰当的答案。

例如： 第 8 题，你听到：

第一个人说：……

第二个人说：……

第三个人说：……

你在试卷上看到四个答案：

A 衬衫　　**B** 毛衣　　**C** 裤子　　**D** 鞋子

第 8 题唯一恰当的答案是 **C**，你应该在答题卡上找到号码 8，在字母 **C** 上画一横道。横道一定要画得粗一些，重一些。

8［**A**］　［**B**］　■　［**D**］

1. **A** 司机
   B 教师
   C 医生
   D 农民

2. **A** 冰箱费电正常
   B 冰箱不太费电
   C 冰箱功能先进
   D 新上市的冰箱耗电大

3. **A** 女的能劝晶晶
   B 男的能劝晶晶
   C 谁也劝不了晶晶
   D 晶晶说话不算话

4. **A** 不好
   B 一般
   C 还可以
   D 相当好

5. **A** 单位
   B 集市
   C 商场
   D 饭馆

6. **A** 明天不去
   B 明天必须去
   C 不一定明天去
   D 哪天去都可以

7. **A** 不太忙
   B 方便照顾家
   C 工资太低了
   D 工作非常忙

8. **A** 后悔
   B 赞叹
   C 难过
   D 遗憾

9. **A** 年龄
B 上学
C 工作
D 婚姻

10. **A** 孩子太喜欢玩具了
B 孩子累得走不动了
C 男的不喜欢给孩子买玩具
D 女的很喜欢给孩子买玩具

11. **A** 一定能考上
B 考试时不应该睡觉
C 学习不如小明努力
D 还要再考一次才行

12. **A** 男的没本事
B 男的经常做菜
C 男的做菜好吃
D 男的比女的能干

13. **A** 不想吃香辣蟹
B 香辣蟹不够辣
C 香辣蟹没营养
D 香辣蟹价钱不贵

14. **A** 赞成
B 反对
C 怀疑
D 无所谓

15. **A** 演讲
B 打鼓
C 鼓励女的
D 批评女的

第 二 部 分

说明： 16 ～ 40 题，这部分试题中，你将听到几段简要的对话或讲话。每段话之后，你将听到几个问题，请你在四个书面答案中选出唯一恰当的答案。

例如： 第 25 ～ 27 题，你听到：

第一个人说：……

第二个人说：……

……

第三个人根据这段对话提出三个问题：

25. 问：……

你在试卷上看到四个答案：

A 饭馆　　**B** 邮局　　**C** 商店　　**D** 路口

根据对话，第 25 题唯一恰当的答案是 **A**，你应该在答题卡上找到号码 25，在字母 **A** 上画一横道。横道一定要画得粗一些，重一些。

25 ■　　[**B**]　　[**C**]　　[**D**]

你又听到：

……

27. 问：……

你在试卷上看到四个答案：

A 寄信　　**B** 打电话　　**C** 取包裹　　**D** 买报纸

根据对话，第 27 题唯一恰当的答案是 **D**，你应该在答题卡上找到号码 27，在字母 **D** 上画一横道。横道一定要画得粗一些，重一些。

27 [**A**]　　[**B**]　　[**C**]　　■

如果是一段讲话，在播放完讲话后，提出几个问题。

16. **A** 头晕
    B 胸闷
    C 手指麻木
    D 浑身没劲

17. **A** 血脂偏高
    B 压迫神经
    C 运动过少
    D 情绪不好

18. **A** 生活方式
    B 人的胖瘦
    C 工作压力大
    D 蔬菜吃得过多

19. **A** 美甲中心
    B 医疗中心
    C 康复医院
    D 美容中心

20. **A** 被公司解雇了
B 觉得没有前途
C 公司名气不大
D 原来的工作与自己的专业不符

21. **A** 医院缺人手
B 她年轻有魄力
C 她护理技术不错
D 她工作经验丰富

22. **A** 记者
B 顾客
C 个体户
D 自行车爱好者

23. **A** 销售
B 咨询顾问
C 自行车修理工
D 自行车运动员

24. **A** 他不喜欢做销售
B 他觉得开店有前途
C 他觉得这样赚钱多
D 他觉得这样更自由

25. **A** 都喜欢修车
B 总是聊天儿
C 都爱好骑自行车
D 有固定的工作时间

26. **A** 雄性激素具有保护作用
B 雌性激素具有保护作用
C 男性比女性更易情绪波动
D 女性比男性更易情绪波动

27. **A** 女性多，症状较轻
B 男性多，症状较重
C 女性少，症状较重
D 男性少，症状较轻

28. **A** 血脂水平升高
B 心脏跳动加快
C 血脂水平降低
D 心脏跳动减慢

29. **A** 鱼没有眼睑
B 鱼不需要睡觉
C 鱼的眼睛总是睁着
D 鱼睡觉时会藏起来

30. **A** 很小心
B 不会活动
C 不会呼吸
D 睡觉时间很长

31. **A** 为了呼吸
B 为了保持平衡
C 为了保持警觉
D 为了随时发现情况

32. **A** 睁着眼睛
B 停止活动
C 睡觉时间短
D 偶尔摆动一下

33. **A** 高兴愉快
B 恋恋不舍
C 悲伤失落
D 兴奋又悲伤

34. **A** 从孩子睁开眼睛开始
B 从孩子出生便开始了
C 从孩子第一次上学的时候开始
D 在孩子和新朋友一起玩耍的时候进行

35. **A** 让孩子自己看书
B 多给孩子讲故事
C 跟老师搞好关系
D 多读书，给孩子做榜样

1 • 1 • 1 • 1 • 1 • 1 • 1

36. **A** 父母要多和老师沟通
B 选择教学质量好的学校
C 提高孩子的家庭生活质量
D 选择一个负责任的好老师

37. **A** 肺
B 口
C 鼻子
D 皮肤

38. **A** 皮肤面积大
B 皮肤吸收的氧气量少
C 皮肤不能进行气体交换
D 皮肤不能直接接触空气

39. **A** 表皮层
B 真皮层
C 角质层
D 水分子

40. **A** 鱼
B 蚯蚓
C 水蛭
D 青蛙

2 • 2 • 2 • 2 • 2 • 2 • 2

二、阅读理解

（40 题，45 分钟）

说明： 41 ～ 80 题，每段文字后都有几个问题，每个问题都有 **ABCD** 四个答案，请你阅读后根据每题要求选择唯一恰当的答案，并在答题卡的相应字母上画一横道。

41

文化是一个国家、一个民族的灵魂。历史和现实都表明，一个抛弃了或者背叛了自己历史文化的民族，不仅不可能发展起来，而且很可能上演一幕幕历史悲剧。文化自信，是更基础、更广泛、更深厚的自信，是更基本、更深沉、更持久的力量。坚定文化自信，是事关国运兴衰、事关文化安全、事关民族精神独立性的大问题。没有文化自信，不可能写出有骨气、有个性、有神采的作品。

【41】文中画线词语拼音正确的一项是：

A 灵魂（línhún）

B 抛弃（pāojì）

C 自信（zìxìn）

D 神采（shéngchǎi）

42 ～ 44

针灸医学最早见于两千多年前的《黄帝内经》一书。书中详细描述了九针的形制，并大量记述了针灸的理论与技术。两千多年来，针灸疗法一直在中国流行，并 __42__ 到了全世界。而针灸的出现则更早。

远古时期，人们 __43__ 被一些尖硬物体，如石头、荆棘等，碰撞了身体表面的某个部位，会出现意想不到的疼痛减轻的现象。古人开始有意识地用一些尖利的石块来刺身体的某些部位或人为地刺破身体使之出血，以减轻疼痛。这就是古书上曾多次提到的针刺的 __44__ 工具——石针。

【42】文中 __42__ 处应该填写的词语是：

A 传播

B 传达

C 散播

D 播撒

【43】文中 __43__ 处应该填写的词语是：

A 突然

B 偶尔

C 间或

D 偶然

【44】文中 __44__ 处应该填写的词语是：

A 原始

B 原先

C 原来

D 开始

45 ～ 47

苏州各个园林在不同之中有个共同点，似乎设计者和匠师们一致追求的是：务必使游览者__45__站在哪个点上，眼前总是一幅完美的图画。为了__46__这个目的，他们讲究亭台轩榭的布局，讲究假山池沼的配合，讲究花草树木的映衬，讲究近景远景的层次。总之，一切都要为构成完美的图画而存在，决不容许有欠美伤美的败笔。他们唯愿游览者得到“如在画图中”的美感，而他们的成绩__47__了他们的愿望。游览者来到园里，没有一个不心里想着口头说着“如在画图中”的。

【45】文中__45__处应该填写的词语是：

A 无论

B 假如

C 尽管

D 纵然

【46】文中__46__处应该填写的词语是：

A 到达

B 达到

C 成就

D 完成

【47】文中__47__处应该填写的词语是：

A 实现

B 实践

C 展现

D 践行

48 ～ 50

我们任何人在这个世界上都不是＿48＿存在的，都要和周围的人发生各种各样的关系。你是学生，就要和同学一起学习，一起游戏，共同完成学业；你是工人，就要和同事一起做工，共同完成工厂的生产任务；你是军人，就要和战友一起生活，一起训练，共同保卫我们的祖国……总之，不论你从事什么职业，也不论你在何时何地，都离不开与别人的合作。

什么是合作呢？顾名思义，合作就是互相＿49＿，共同把事情做好。世界上有许多事情，只有＿50＿人与人之间的相互合作才能完成。一个人学会了与别人合作，也就获得了打开成功之门的钥匙。所以人们常说，小合作有小成就，大合作有大成就，不合作就很难有什么成就。这是非常宝贵的人生道理，我们应该牢牢记住。

【48】文中＿48＿处应该填写的词语是：

A 孤立
B 单身
C 唯独
D 独立

【49】文中＿49＿处应该填写的词语是：

A 适合
B 配合
C 搭配
D 陪伴

【50】文中＿50＿处应该填写的词语是：

A 按照
B 通过
C 根据
D 遵循

51 ～ 53

中秋，是一个充满诗情画意的节日，也是一个__51__阖家团圆的节日，更是一个寄托着家国情怀的节日。

从古至今，我们对中秋节就怀有一种特殊的情结。因为中秋意味着团圆，所以无论工作多么繁忙、路途多么遥远，每到这一天，人们都会赶回家中，与亲人__52__。即便人不能回家，心中也会对家人异常思念和牵挂。正所谓“每逢佳节倍思亲”，表达的就是这种心境和情结。

作为中华民族最重要的传统节日之一，中秋节有着独特的节日魅力和深厚的文化内涵。中秋节不是月饼节，中秋节也不是仅有的几天假期。赏圆月、吃月饼，是一种节日习俗。之所以要传承这些习俗，不仅仅是为了__53__人们对美食的需求和渴望，更是要以节日习俗为载体，传承文化基因，凝聚民族情感。我们要坚守和传承的中秋是一种文化、一种历史、一种情怀、一种记忆。

【51】文中__51__处应该填写的词语是：

A 象征
B 表示
C 标记
D 标志

【52】文中__52__处应该填写的词语是：

A 聚拢
B 凝聚
C 聚集
D 团聚

【53】文中__53__处应该填写的词语是：

A 满意
B 满足
C 迎合
D 充满

54 ～ 56

窑洞是黄土高原上的传统民居，它广泛分布于黄河中下游流域。陕北人建造的这种住所，据说是直接继承了原始人穴居的传统。

典型的窑洞多为圆形顶，一般长约 7 米，宽约 3.3 米，正面有热炕。炕不仅是卧床，也是妇女做针线活儿、孩子温习功课和家里招待客人的地方。用土坯或石板砌的空心土炕，还常常与锅灶相连，烧饭的烟火通过炕底的火道，从墙壁直达窑顶的烟囱排放出去，既能取暖，又节省柴火，这是北方民居中一种很好的内部构造形式。

窑洞种类很多，根据选址和建筑方式的不同，通常可分为崖窑、坑窑、覆土窑等数种，各具特色。最常见的窑洞要数崖窑，多在向阳避风的天然土壁内开凿而成，设计随意，开凿简单。坑窑开凿就稍微复杂一些，要先在平地挖一个方形大坑，然后再向坑面三周凿窑。覆土式窑洞则是介于崖窑和坑窑之间，半靠崖半地下的一种窑洞。而现在最时兴的要数箍窑了，建筑时人们在平地上用砖、石、土坯建造而成，通常为一至两层，数窑则建成院落。

根据建筑材料的不同，窑洞也分为土窑、砖窑、石窑等多种。土窑洞出现得最早，在土崖上挖出窑洞，安上门窗而成，保暖性好。它虽不如石窑和砖窑牢固，但由于黄土土质结实，西北气候干燥，加上窑内经常生火做饭，也不易倒塌。石窑由石头砌成，除了结实抗震，还极耐火。砖窑则主要以砖块为材料，比前两者保暖性差，但具有美观的优点。中国现存的也是世界上数目最多、规模最大的窑洞群以土窑、崖窑为主。

【54】现在最流行的窑洞是：

A 土窑
B 箍窑
C 砖窑
D 覆土窑

【55】根据本文，下列说法正确的是：

A 土窑是最常见的窑洞
B 坑窑开凿简单，且保暖性强
C 砖窑不仅外观漂亮，而且造价低
D 世界上数目最多、规模最大的窑洞群就在中国

【56】本文主要讲的是：

A 窑洞的分类
B 窑洞的特点
C 窑洞的历史
D 窑洞的作用

57 ～ 59

早在 20 世纪 60 年代，人们就已经认识到：决定西红柿是否好吃的主要因素是甜度、酸度以及二者之间的平衡。而这些因素跟西红柿的品种、成熟程度和产量都有关系。一株苗上长的西红柿多，甜度就会降低。但是对农民来说，口味虽然能影响到顾客的感受，但产量的高低才是决定收入的关键。一直以来，人们在育种时基本上都把产量作为优先考虑的指标，这导致现在的西红柿都是硕果累累，付出的代价也就是含糖量的下降。

除了甜度和酸度，硬度对西红柿的口感也很重要。软烂的西红柿都已经熟过了，不管是生吃还是炒着吃，口感都不好。西红柿的最佳状态是这样的：颜色已经发育完全，而硬度还依然坚挺。

所谓颜色发育完全，是指达到了那种西红柿完全成熟时的颜色，比如多数西红柿是红色，也有一些是橙色、黄色甚至其他颜色。

实际上，当西红柿颜色达到完全成熟时色度的 20% 时，甜度和酸度已经达到很好的平衡点，但这时其他的风味物质还有继续改善的空间。一般而言，当色度达到最终颜色的 80% 时，西红柿的口感才会最好。

【57】文中画线词语“这些因素”指的是：

A 品种和产量

B 成熟度与产量

C 品种、成熟度与口味

D 甜酸度和甜酸度的平衡

【58】对农民来说，种植西红柿首先要考虑的因素是：

A 产量的高低

B 含酸量的多少

C 含糖量的高低

D 色度的饱和度

【59】什么样的西红柿口感最好？

A 硬的西红柿

B 软烂的西红柿

C 色度达到完全成熟时 20% 的西红柿

D 色度达到完全成熟时 80% 的西红柿

60 ～ 62

在西安北站候车室，旅客可以在“便民自助服务区”享受免费充电服务；在南京禄口机场，新设的旅客便民服务箱里配备了旅行洗漱瓶、创可贴等物品；在合肥高速公路，交警发布大数据给出行市民“支招”……国庆假期，各地各部门陆续推出便民利民举措，确保交通运输平稳有序，让奔波的脚步更加从容。

现如今，伴随着对诗和远方的向往，旅游寄托着人们对美好生活的追求。来自交通运输部的数据显示，国庆假期全国公路、铁路、民航迎来客流高峰。其中，全国铁路预计发送旅客1.29亿人次，同比增长9.5%。与此同时，从窗口排队到网络购票，从人工检票到人脸识别，交通设施的持续优化、网络服务的空前发达、社会治理的与时俱进，合力推动着人们旅游体验的不断升级。

习近平总书记指出，旅游是人民生活水平提高的一个重要指标。这几年，人们旅游体验的全方位改善，从根本上来说，得益于我国综合国力的不断增强。坚持以人民为中心的发展理念，用好市场的“无形之手”和政府的“有形之手”，我们就能在新时代更好地满足人民对美好生活的向往。

【60】旅客在哪里可以领到创可贴？

A 西安北站

B 合肥高速公路

C 南京禄口机场

D 上海虹桥机场

【61】文中画线的“诗和远方”指的是什么？

A 服务

B 交通

C 旅游

D 民航

【62】本文主要讲的是：

A 假期旅游人数激增

B 旅游市场越来越规范

C 人们都非常向往诗和远方

D 交通运输服务为旅客保驾护航

63 ～ 65

2015 年，徐秀玲从南京师范大学研究生毕业，成为南京市聋人学校的一名生活老师。有人疑虑："这么高的学历能在我们这里留下来吗？"四年来，她踏实敬业，认真照顾数百名住校学生的生活起居，并将专业知识运用到工作中，获得学校师生的一致称赞。

作为聋人学校的生活老师，徐秀玲工作烦琐，责任巨大。从傍晚到次日早晨，她每周在学校值三至四个通宵夜班。深夜，她常无法安心入睡，牵挂着孩子们的大小事情。遇到学生发烧生病，她就得立刻护送学生去医院，还要充当手语翻译，整夜陪伴。

她是妈妈，孩子们衣服破了总是找她帮忙缝补；她是安全员，必须及时消除宿舍区的安全隐患；她是知心姐姐，遇到烦心事，孩子们乐意找她倾诉；她也是辅导老师，晚自习时协助任课老师给孩子们答疑解惑……此外，徐秀玲还创新工作方式，积极策划宿舍文化活动，给孩子们开设生活指导课，利用自己的专业知识丰富学生的课余生活。

"和普通孩子相比，我的学生们更需要温暖。我愿做夜幕中的那盏灯，明亮而温暖，点亮孩子们的心田，守护他们的成长。"徐秀玲说道。就这样，她和同事们日复一日重复着平凡的工作，守护着"无声校园"。

【63】有人担心徐秀玲不能留下来的原因是：

A 她不懂手语

C 工作太繁忙

B 她是个外地人

D 她的学历太高了

【64】根据第二段，我们知道：

A 做聋人学校的生活老师不容易

B 聋人学校对生活老师要求很高

C 聋人学校的生活老师每天要值班

D 聋人学校的生活老师与其他老师不一样

【65】本文主要讲了：

A 聋人学校的孩子更需要关爱

B 怎样在聋人学校当生活老师

C 如何守护"无声校园"的孩子

D 徐秀玲在聋人学校的点点滴滴

66 ～ 68

清明小长假期间，全国各地的美术馆、博物馆都迎来参观客流高峰，人们欣赏艺术精品、文物国宝，感受文化的魅力。

清明小长假这两天，中国美术馆每天的观众都接近 1 万人次，是平常的两倍多，正在主展厅展出的“打开的窗口是美丽的”美术作品展，更是广受欢迎。关山月、吴冠中等艺术大师的画作，还吸引了很多爱好美术的小学生来现场临摹。这些小画家们非常认真，一笔一画勾勒着自己对美的理解。

“打开的窗口是美丽的”美术作品展共 4 个部分，有国画、油画、雕塑等 170 多件作品，集中讲述了深圳建市 40 年的发展历程，展现了我国改革开放的伟大成就。这里展出的是大型组画《画说深圳》的部分素描草稿，原作 100 多米长，这里选取片段，描绘了特区初创时深圳人艰苦奋斗的场景。

美术馆里欣赏艺术创新，博物馆里则是感受历史文明。这两天的清华艺术博物馆同样人头攒动。除了精美的织绣、瓷器，这里的“清华学人手札展”展出了 130 多位清华学人的信札、日记等，让观众在清明假期可以近距离感受文人大师的家国情怀。

小长假期间，陕西、山东等地的博物馆、美术馆都迎来参观高峰。

在四川博物院，曾经登上央视《国家宝藏》第二季的五代后蜀残石经、清代格萨尔唐卡首次公开展出，吸引了众多游客慕名而来。

在上海博物馆，青铜馆和陶瓷馆再次成为人气景点。其中，镇馆之宝西周大克鼎最受关注，雄壮而又精美的造型设计，一下子就让观众感受到了 2800 多年前的中华文明成就。

【66】根据本文，下列哪一个展览反映了我国改革开放的伟大成就？

A 清华学人手札展

B 清代格萨尔唐卡展

C 清华艺术博物馆的织绣、瓷器展

D “打开的窗口是美丽的”美术作品展

【67】如果要欣赏五代后蜀残石经，应该去哪个博物馆？

A 中国美术馆

B 四川博物院

C 上海博物馆

D 陕西博物馆

【68】关于大克鼎，下列说法正确的是：

A 它气场比较足

B 它是东周时期的

C 它让观众感受到了家国情怀

D 它让观众感受到了中华文明成就

69 ～ 71

你是否有过这样的体验，当你用手捏鸡蛋时，用很大的力气，却不容易捏碎它？有人对鸡蛋做过受压试验，发现一只普通的鸡蛋能承受 8 千克的压力。为什么蛋壳能承受如此大的压力呢？主要原因在于它那凸曲面形状。对于承受外来压力的物体，凸曲面形状最好。因为它能把外来的压力沿着曲面分散开来。

我们的祖先很早就发现了蛋壳的奥秘，并据此修建了凸面向上的石拱桥。这种凸形的石拱桥，当受到向下的压力时，也同时受到两侧相邻石块的侧压力作用，由于石块的抗压强度很大，所以这个压力能达到很大值，这与蛋壳的凸面向上不易捏破是一个道理。所以石拱桥经过人们千百年的踩踏和车压，至今仍然完好无损。

近些年来，建筑师在蛋壳的启示下，设计了许多现代化的大型薄壳结构的建筑物。这些建筑既坚固，又节省材料。北京火车站大厅房顶就是建筑学家模仿蛋壳的一大杰作，其屋顶厚度只有 8 厘米，却覆盖了 1225 平方米的面积，整个大厅显得格外宽敞明亮，舒适美观。1995 年上海建成了第一座具有“世界最佳音响空间”的恰似蛋形的现代化音乐厅，也是模仿蛋壳的杰作。

其实，除了蛋壳外，大自然里还有各种各样的壳体结构，如贝壳、乌龟壳、人的头骨及各种植物种子的外壳等。这些壳体都有弯曲的表面，尽管它们形状各异，却有共同的力学性能，即壳体在外力的作用下，内力是沿着整个表面扩散和分布的。这些壳体结构坚固，受力合理，适合在地球这样的自然环境中成长。

人类从自然界的现象中得到启发，在工程建筑方面很好地利用了壳体结构的优点。广州新体育馆就是一个壳体结构的杰作。构成体育馆的三个壳体结构采用半透明屋顶。白天，它们像散布在白云山下的彩贝，呼应了山体的曲线形态。夜间，灯光照亮屋顶，远看犹如一个个虚幻的影像呈现在白云山下。

【69】我们用手捏不碎鸡蛋的主要原因是：

A 鸡蛋的外壳太硬了

B 我们的手力量不够大

C 鸡蛋的外形是凸曲面的

D 手捏鸡蛋的方式不正确

【70】与其他类型的建筑相比，薄壳结构建筑的显著特点是：

A 均匀受力

B 体积较小

C 造型新奇

D 坚固且省材料

【71】根据本文，下列说法正确的是：

A 除了蛋壳外，大自然中几乎不存在壳体结构

B 壳体结构的建筑只是近年来才出现的新型建筑

C 壳体结构的优点已在工程建筑方面充分发挥作用

D 我们的祖先由于科技水平的限制，没有掌握蛋壳的奥秘

72 ～ 75

在拉丁美洲加勒比海的东南端，有一个叫巴哥的小岛。岛上有一个面积仅 0.47 平方千米的小湖，这个以盛产黑乎乎的天然沥青闻名于世的小湖，被人们称为“沥青湖”。

沥青湖之所以令科学家们感兴趣，不仅仅是因为它奇特的形成方式，还因为它每年都要“吃掉”大量动物。有狮子、老虎、豹子等体形较大的动物，也有狐狸、狼、鬣狗甚至水鸟等体形较小的动物。经过长时间的跟踪拍摄，科学家们终于为世人揭开了这个谜底。

随着季节的转换，沥青湖会呈现出不同的样子。雨季来到，雨水积在湖面上，碧波荡漾；旱季降临，水被蒸发掉，沥青被晒干，只在凹处还留有一些水坑。水坑中有水草，偶尔还能找到小鱼，这样便引来了喜欢吃小鱼的鸟。一只鸟吃饱了，准备站在水坑旁的干旱处休息，结果被沥青粘住了双脚。鸟越挣扎，沥青便粘得越紧，终于，鸟不再动弹。不久，鸟被机灵的狐狸发现了，为了吃到可口的鸟肉，狐狸不顾一切地冲了过去，结果狐狸也被沥青粘住了。狐狸越挣扎，沥青便粘得越紧，最终狐狸倒在了沥青湖里不再动弹。嗅觉灵敏的狼和鬣狗几乎同时发现了死去的狐狸。为了争抢猎物，鬣狗和狼在沥青湖面恶战了一场，结果都被沥青牢牢地粘住了。在食物奇缺的干旱季节，当豹子、老虎、狮子发现这么多的食物时，它们再也忍不住了，冲过去想一饱口福，结果无一例外地葬身于沥青湖。

尽管每年都有大量动物死于沥青湖，但仍然有很多动物前赴后继地朝沥青湖奔去。原因都是经不住那湖里美味食物的诱惑。

在这个世界上，诱惑人的东西实在太多了，其中很多诱惑就像沥青湖一样致命。很多人虽然明白这个道理，却很难管住自己奔向沥青湖的双脚。

【72】为什么这个小湖被叫作“沥青湖”？

A 湖水黑如沥青

B 湖水黏稠如沥青

C 湖里盛产黑乎乎的沥青

D 岛上的沥青工厂闻名于世

【73】沥青湖的诱惑指的是：

A 湖里美味的食物

B 奇特的形成原因

C 湖面美丽的景色

D 天然的沥青资源

【74】关于沥青湖，下列说法正确的是：

A 面积大且水量多

B 是大小动物生活的乐园

C 旱季雨季样子差异较大

D 因地形奇特而游人众多

【75】本文给我们的启示是：

A 要勇敢地迈开双脚

B 远离那些危险的地方

C 要坚决抵制外界不良诱惑

D 你的想法决定你人生的高度

76 ～ 80

经过几十年的快速发展，我国旅游业正迈向提高管理服务水平、提升旅游品质的高质量发展阶段。旅游市场呈现一些新特点，人们在住宿、文创、餐饮等旅游消费上有了新需求。

这些旅游新需求是什么？什么样的休闲住宿受欢迎？什么样的旅游产品会畅销？什么样的特色美食惹人爱？近日，记者采访了部分游客、专家和企业。

安徽合肥市职工周莉莉一直想去张家界旅游，最近趁着休假终于如愿以偿。她告诉记者，除了观赏自然风光，她最想体验当地的民俗风情，感受一下轻松闲适的当地生活。所以在住宿上，她做了一次新的尝试——民宿。

“真是超乎预期的体验。这次选择的民宿就在张家界森林公园景区旁边，环境优美，游玩方便。房东一家都是本地人，热情好客。游客与房东的关系就像是好久不见的朋友。他们会来机场接你，帮你规划游玩线路，一起做饭聊天儿、休闲娱乐，让你很快融入当地的生活。”周莉莉说。

“过去旅游主要是看山看水看历史，天黑了，找个地方睡觉；今天的游客，特别是年轻人，旅行已经不再只是看美丽的风景，还希望住得称心、舒心。”中国旅游研究院院长戴斌说。伴随着文旅融合与分众旅居时代的到来，旅游者对目的地的需求将从景区走向社区，从单一功能走向复合体验，游客希望融入旅游目的地的休闲场所，与当地居民共享美好的品质生活，而不只是沿着规划好的线路观赏。

作为外出旅游的重要一环，酒店已经成为旅行中重要的休闲场所。除了提供夜晚住宿外，酒店还承载着更多美食、艺术、社交、健康、娱乐等休闲需求。某数据研究中心的数据显示，近一年来游客每天在酒店的时间平均增加了一至两个小时，亲子游客在酒店的时间平均增加了三至四个小时。

“随着消费的升级，游客的需求呈现多样化、个性化的趋势。”中国饭店协会副秘书长丁志刚说。不同年龄的人群在酒店消费偏好上存在差异。年轻消费者更愿意尝试新事物，追求个性化、特色化产品；中年消费者经济状况良好，更加注重品质；老年消费者具有较高的品牌忠诚度。

丁志刚表示，经过改革开放 40 多年的发展，我国的住宿业已经进入大住宿业时代，除了星级酒店，还出现了精品酒店、主题酒店、经济型酒店等酒店形态，民宿、帐篷、集装箱酒店等非标住宿业态也不断涌现，旅游住宿的接待能力和条件与过去已是天壤之别。

【76】前两段主要告诉我们：

A 旅游消费出现新需求

B 旅游业已进入快速发展阶段

C 旅游业管理服务水平有待提高

D 记者经常采访游客、专家和企业

【77】关于周莉莉的旅游，下列说法正确的是：

A 她经常去房东家做客

B 她觉得房东和自己关系不太好

C 她最想去看张家界的自然风光

D 她是第一次选择这样的住宿方式

【78】根据第五段，我们知道：

A 现在的游客只希望住得舒服

B 现在的游客不喜欢体验当地生活

C 以前的游客不讲究住宿，只注重看风景

D 现在的游客喜欢按照制订好的旅游计划旅游

【79】关于人们在酒店消费方面的偏好，下列描述与文章内容相符的是：

A 年轻消费者看重品牌

B 老年消费者注重品质

C 中年消费者追求个性化

D 游客的消费需求因年龄而异

【80】最适合做本文标题的一项是：

A 旅游业面临着机遇和挑战

B 消费者旅游消费需求在升级

C 发展旅游业应提高旅游服务水平

D 酒店已成为外出旅游的重要一环

3 · 3 · 3 · 3 · 3 · 3 · 3

三、书面表达

（16 题，45 分钟）

第 一 部 分

（15 题，10 分钟）

说明：81 ～ 90 题，在每题的语句中有一个或两个空白处，题后有 **ABCD** 四个备选答案，其中只有一个可以放入空白处使语句表达通顺。请选出唯一恰当的答案，并在答题卡的相应字母上画一横道。

81. 他________牺牲自己宝贵的生命，________不愿意背叛和出卖自己的同胞。

A 既然……就……

B 宁肯……也……

C 或者……或者……

D 一方面……另一方面……

82. 这个计划________很完善，________更重要的还在于如何具体实践并取得成功。

A 即使……也……

B 固然……但是……

C 尽管……还是……

D 因为……所以……

83. ____________________，这种品牌的手机更受年轻人青睐。

A 就质量和设计来说

B 跟质量和设计来说

C 用质量和设计来说

D 对质量和设计来说

84. ____________________，指导员已经一连几天没有合眼了。

A 为了胜利的取得这次战斗

B 胜利为了取得这次的战斗

C 为了取得这次战斗的胜利

D 为了这次战斗的胜利取得

85. 从名牌大学毕业后，他放弃了__________________，选择去一个偏僻的乡村当了一名村官。

A 生活在优越大的城市

B 在大城市的优越生活

C 在优越的生活大城市

D 在优越的大城市生活

86. ___________________________，再和你去超市买东西吧。

A 等我做完领导交给我的工作之后

B 等我做领导交给我的工作完之后

C 等我领导做完交给我的工作之后

D 做完领导交给我的工作之后等我

87. 关于留守儿童的再教育问题，教育专家____。

A 提出很多种解决不同的方案了

B 很多种不同的解决方案提出了

C 提出了不同的很多种解决方案

D 提出了很多种不同的解决方案

88. 不管发生什么事情，我____。

A 都不会把这么重要的事情丢到脑后去的

B 都会不把丢到脑后去这么重要的事情的

C 都把这么重要的事情不会丢到脑后去的

D 会把这么重要的事情都不丢到脑后去的

89. 本公司正值用人之际，我们希望____。

A 一切具有远大抱负的有志人士前来应聘

B 一切具有远大抱负的前来应聘有志人士

C 具有远大抱负的有志人士一切前来应聘

D 有志人士具有一切远大抱负的前来应聘

90. 在金碧辉煌的婚礼大厅，新娘正____。

A 仔细地整理着婚纱长长的雪白的拖在身后的

B 整理着雪白的长长的婚纱仔细地拖在身后的

C 仔细地整理着拖在身后的长长的雪白的婚纱

D 拖在身后的长长的雪白的婚纱仔细地整理着

说明：91～95 题，在这一部分里，每题的语句中有 **ABCD** 四个带有下划线的词语，去掉其中某一个词语会使句子表达产生错误。请找出这个词语，并在答题卡的相应字母上画一横道。

91. 果然，我不光头晕、发热，而且还有很严重的头疼。于是，我去找我的医生朋友。
A **B** **C** **D**

92. 当时连医生都觉得他可能永远不会醒过来了，可是没想到他竟然奇迹般地苏醒了，并且还活了很久很久。
A **B** **C** **D**

93. 每晚抽出两个小时的时间用来阅读、思考，你会发现你的人生正在发生改变。
A **B** **C** **D**

94. 拥有知识，并不能担保你拥有良好的思维能力，但是没有反复进行一系列正确的思维练习，就不能把人造就成良好的思想家。
A **B** **C** **D**

95. 每个人在与他人交往的过程中，要学会理解，因为只有理解他人，才会被他人理解。
A **B** **C** **D**

请接下去进入作文考试

MHK

模拟试题（四）

卷 Ⅱ

书面表达第二部分

（作文，35 分钟）

作文要求
1. 写作前认真阅读作文提示，按提示要求在规定的时间内写完。 2. 用简体字书写。每个空格写一个字，书写要清楚工整；每个标点符号占一个或两个空格，标点符号使用要规范。 3. 作文中不得出现跟考生有关的校名、地名和真实姓名。 4. 保持卷面整洁，不得涂画损坏答卷。

作文提示：

请阅读下面一段材料，然后写一篇读后感，题目自拟，全文不得少于 350 字。

不过一碗饭

两个不如意的年轻人一起去拜望老师。

“老师，我们在办公室被欺负了，太痛苦了。我们是不是该辞掉工作？求您指导。”两个人一起问。

老师闭着眼睛，隔半天，吐出了五个字：“不过一碗饭。”然后就挥挥手，示意他们退下了。

才回到公司，一个人就递上辞呈回家种田了，而另一个人什么也没改变。

日子过得很快，转眼十年过去了。回家种田的那个以现代方法经营，加上品种改良，居然成了农业专家。另一个留在公司的也不差，他忍着气努力学，渐渐受到器重，如今已成为经理。

有一天，两个人再次相遇了。

“奇怪，老师给我们同样的‘不过一碗饭’这五个字，我一听就懂了。不过一碗饭嘛，日子有什么难过的？何必硬留在公司？所以我辞职了。”农业专家问另一个人：“你当时为何没听老师的话呢？”

“我听了啊。”那经理笑道，“老师说‘不过一碗饭’，无论多受气、多受累，我只要想不过为了混碗饭吃，老板说什么是什么，少赌气、少计较，就行了。老师不就是这个意思吗？”

MHK

口试模拟题（四）

（三 级）

（一）朗读

一次，一个收藏家要举办展览会，便向年轻的雕塑家罗丹预订了一件作品。而数日后，收藏家却临时变卦，请了一位更有名气的雕塑家来替代罗丹，并向罗丹提出退单。罗丹得知这个消息后，气得一下子摔掉了手中的雕刻刀。可等平静下来后，他又再次拿起雕刻刀继续创作未完成的作品。后来，因为种种原因，收藏家没能从那位雕塑家那里如期拿到作品。正当收藏家发愁之际，罗丹找到了他，半开玩笑地说："您可以毁约，我却不能失信。我将作品雕刻出来了，您拿去吧。"收藏家一时感动得不知道说什么好，连忙向罗丹深深地鞠了一躬，并在随后的几十年里一直将罗丹视为最值得信赖的合作伙伴。

（二）回答问题

问题 1：得知收藏家不要自己的作品，罗丹是什么反应？

问题 2：请你谈谈对诚信的看法，并举例说明。

MHK

（三级）答题卡

白 色 检 测 区 ， 请 勿 污 染 ！

姓　　名：________________

性　　别：男▭　女▭　试卷号码：________

考 场 号：________　座 位 号：________

考 生 号：________________

填涂说明

1. 答题前，考生先将自己的姓名等项填写清楚。
2. 选择题必须使用 2B 铅笔填涂，作文必须使用黑色或蓝色签字笔书写，应字体工整、笔迹清楚。
3. 保持卷面整洁，不要折叠、弄破，不准使用涂改液、刮纸刀。
4. 填涂示例：正确填涂 ▬
   错误填涂 [A] [B] [C] [D]

贴条形码区

姓名

考场号

A

选 择 题

1[A][B][C][D]	21[A][B][C][D]	41[A][B][C][D]	61[A][B][C][D]	81[A][B][C][D]
2[A][B][C][D]	22[A][B][C][D]	42[A][B][C][D]	62[A][B][C][D]	82[A][B][C][D]
3[A][B][C][D]	23[A][B][C][D]	43[A][B][C][D]	63[A][B][C][D]	83[A][B][C][D]
4[A][B][C][D]	24[A][B][C][D]	44[A][B][C][D]	64[A][B][C][D]	84[A][B][C][D]
5[A][B][C][D]	25[A][B][C][D]	45[A][B][C][D]	65[A][B][C][D]	85[A][B][C][D]
6[A][B][C][D]	26[A][B][C][D]	46[A][B][C][D]	66[A][B][C][D]	86[A][B][C][D]
7[A][B][C][D]	27[A][B][C][D]	47[A][B][C][D]	67[A][B][C][D]	87[A][B][C][D]
8[A][B][C][D]	28[A][B][C][D]	48[A][B][C][D]	68[A][B][C][D]	88[A][B][C][D]
9[A][B][C][D]	29[A][B][C][D]	49[A][B][C][D]	69[A][B][C][D]	89[A][B][C][D]
10[A][B][C][D]	30[A][B][C][D]	50[A][B][C][D]	70[A][B][C][D]	90[A][B][C][D]
11[A][B][C][D]	31[A][B][C][D]	51[A][B][C][D]	71[A][B][C][D]	91[A][B][C][D]
12[A][B][C][D]	32[A][B][C][D]	52[A][B][C][D]	72[A][B][C][D]	92[A][B][C][D]
13[A][B][C][D]	33[A][B][C][D]	53[A][B][C][D]	73[A][B][C][D]	93[A][B][C][D]
14[A][B][C][D]	34[A][B][C][D]	54[A][B][C][D]	74[A][B][C][D]	94[A][B][C][D]
15[A][B][C][D]	35[A][B][C][D]	55[A][B][C][D]	75[A][B][C][D]	95[A][B][C][D]
16[A][B][C][D]	36[A][B][C][D]	56[A][B][C][D]	76[A][B][C][D]	
17[A][B][C][D]	37[A][B][C][D]	57[A][B][C][D]	77[A][B][C][D]	
18[A][B][C][D]	38[A][B][C][D]	58[A][B][C][D]	78[A][B][C][D]	
19[A][B][C][D]	39[A][B][C][D]	59[A][B][C][D]	79[A][B][C][D]	
20[A][B][C][D]	40[A][B][C][D]	60[A][B][C][D]	80[A][B][C][D]	

书面表达（作文）

（35 分钟）

作 文 要 求

1. 写作前认真阅读作文提示，按提示要求在规定的时间内写完。
2. 用简体字书写。每个空格写一个字，书写要清楚工整；每个标点符号占一个或两个空格，标点符号使用要规范。
3. 作文中不得出现跟考生有关的校名、地名和真实姓名。
4. 保持卷面整洁，不得涂画损坏答卷。

翻开此页到背面答题
注意作文格式及字数要求 ⇨

白 色 检 测 区 ， 请 勿 污 染 ！

100 字

200 字

300 字

400 字

500 字

600 字

MHK

模拟试题（五）

（三 级）

卷 Ⅰ

注 意 事 项

一、**MHK**（三级）考试试卷分为卷Ⅰ和卷Ⅱ两部分：

1. 卷Ⅰ为客观选择题，每题都有四个供选择的答案，要求在答题卡上画出代表正确答案的字母，每题只能画一横道，如 **[A]** ■ **[C]** **[D]**，多画作废。

   请考生注意：卷Ⅰ使用阅读机阅卷，答案必须用铅笔画在答题卡上，不能写在试卷上。

   卷Ⅰ包括三项内容，共 95 题。

   （1）听力理解（40 题，约 30 分钟）

   （2）阅读理解（40 题，45 分钟）

   （3）书面表达（15 题，10 分钟）

2. 卷Ⅱ为书面表达主观题（作文），35 分钟。内容用黑色钢笔或签字笔写在答题卡的方格内。

   全部考试时间约 120 分钟。

二、注意每部分试题的答题说明，严格按照说明的要求，在规定的时间内回答问题。

三、严格遵守考试规则，听从主考人员的指挥。考试结束后，必须把试卷和答题卡放在桌子上，等监考人员收回、清点后，才能离场。

一、听力理解

（40 题，约 30 分钟）

第 一 部 分

说明： 1～15 题，这部分试题，都是两个人的简短对话，第三个人根据对话提出一个问题，请你在四个备选答案中选出唯一恰当的答案。

例如： 第 8 题，你听到：

第一个人说：……

第二个人说：……

第三个人说：……

你在试卷上看到四个答案：

A 衬衫　　**B** 毛衣　　**C** 裤子　　**D** 鞋子

第 8 题唯一恰当的答案是 **C**，你应该在答题卡上找到号码 8，在字母 **C** 上画一横道。横道一定要画得粗一些，重一些。

8［**A**］　［**B**］　[redacted]　［**D**］

1. **A** 餐厅
   B 飞机场
   C 汽车站
   D 火车站

2. **A** 天气热很正常
   B 天气热是好事
   C 天气热应该换衣服
   D 天气热有点儿反常

3. **A** 不满
   B 生气
   C 无奈
   D 不在乎

4. **A** 师生
   B 夫妻
   C 邻居
   D 同事

5. **A** 警察
   B 商人
   C 记者
   D 教师

6. **A** 足球
   B 篮球
   C 都喜欢
   D 都不喜欢

7. **A** 男的很负责任
   B 女的很少出差
   C 女的工作很轻松
   D 项目进展很顺利

8. **A** 没休息好
   B 经常头晕
   C 没什么问题
   D 因贫血而头晕

9. **A** 不想去春游
B 只想去买鞋
C 想先买鞋再去春游
D 想让女的为他买鞋

10. **A** 男的后天有事
B 男的放心不下
C 女的心情不好
D 女的的孩子病了

11. **A** 希望男的来帮忙
B 希望男的多休息
C 不希望男的来帮忙
D 希望早点儿干完活儿

12. **A** 自己创业
B 进大企业
C 考研究生
D 参加招聘会

13. **A** 赞同
B 反对
C 质疑
D 无所谓

14. **A** 女的从不吃肉
B 男的最爱吃羊肉
C 男的和女的经常一起吃饭
D 女的建议男的多吃蔬菜水果

15. **A** 安慰女的
B 鼓励女的
C 训斥女的
D 发表演讲

第 二 部 分

说明: 16 ~ 40 题，这部分试题中，你将听到几段简要的对话或讲话。每段话之后，你将听到几个问题，请你在四个书面答案中选出唯一恰当的答案。

例如: 第 25 ~ 27 题，你听到:

第一个人说: ……

第二个人说: ……

……

第三个人根据这段对话提出三个问题:

25. 问: ……

你在试卷上看到四个答案:

A 饭馆　**B** 邮局　**C** 商店　**D** 路口

根据对话，第 25 题唯一恰当的答案是 **A**，你应该在答题卡上找到号码 25，在字母 **A** 上画一横道。横道一定要画得粗一些，重一些。

25 [redacted]　[**B**]　[**C**]　[**D**]

你又听到:

……

27. 问: ……

你在试卷上看到四个答案:

A 寄信　**B** 打电话　**C** 取包裹　**D** 买报纸

根据对话，第 27 题唯一恰当的答案是 **D**，你应该在答题卡上找到号码 27，在字母 **D** 上画一横道。横道一定要画得粗一些，重一些。

27 [**A**]　[**B**]　[**C**]　[redacted]

如果是一段讲话，在播放完讲话后，提出几个问题。

16. **A** 国家博物院
    B 自然博物馆
    C 军事博物馆
    D 历史博物馆

17. **A** 暑假
    B 寒假
    C 周末
    D 国庆节

18. **A** 广交朋友
    B 增长见识
    C 锻炼身体
    D 放松身心

19. **A** 路途遥远
    B 饮食不适
    C 交通不便
    D 天热人多

20. **A** 今天
B 明天
C 后天
D 根据化验结果确定

21. **A** 无法确定
B 劳累过度
C 生活不规律
D 无节制饮酒

22. **A** 少年
B 青年
C 中年
D 老年

23. **A** 临走告别
B 恭喜祝贺
C 寻求帮助
D 请教问题

24. **A** 坚持到底
B 充满信心
C 放弃学习
D 失去机会

25. **A** 独立生活
B 学专业知识
C 是新的起点
D **A** 和 **B** 都有

26. **A** 一种
B 两种
C 三种
D 四种

27. **A** 鸡肉
B 鱼肉
C 鸭肉
D 牛羊肉

28. **A** 白萝卜
B 红萝卜
C 青萝卜
D 胡萝卜

29. **A** 笑有文化的不同
B 笑有物种的差异
C 笑有地域的区别
D 笑能跨越文化、地理、物种

30. **A** 表情声音
B 思想意识
C 肢体动作
D 呼吸模式

31. **A** 假笑不容易被识破
B 笑是自己可以决定的
C 笑是可以相互传染的
D 笑常与幽默笑话有关

32. **A** 笑是假装的
B 人多更热闹
C 笑是无意识的
D 笑承担着重要社交功能

33. **A** 身体健康
B 才艺特长
C 智力开发
D 性格心理

34. **A** 身体健康
B 阅读识字
C 独立能力
D 文明礼貌

35. **A** 识字
B 阅读
C 心理
D 体育

36. **A** 1～7 岁
B 3～7 岁
C 5～7 岁
D 7～12 岁

37. **A** 一次性碗
B 一次性筷子
C 一次性盘子
D 一次性杯子

38. **A** 任何时候
B 顾客点餐时
C 顾客吃饭时
D 顾客提出需求时

39. **A** 一次性筷子
B 一次性叉子
C 一次性刀具
D 一次性塑料吸管

40. **A** 顾客到店自取时
B 任何情况下都提供
C 任何情况下都不再提供
D 订单上标注出餐具数量时

二、阅读理解

（40 题，45 分钟）

说明：41 ～ 80 题，每段文字后都有几个问题，每个问题都有 **ABCD** 四个答案，请你阅读后根据每题要求选择唯一恰当的答案，并在答题卡的相应字母上画一横道。

41

满天星辰，浩渺宇宙，数千年来一直以其美丽与神秘吸引着好奇的人们。过去的一个世纪，尤其是近几十年来科学技术的迅猛发展，使人们不仅得以一窥宇宙深处的盛景，更将科学研究的触角延伸至星辰闪亮外表的背后。人类的目光亦随之不断拓展。今天，天文学家已经可以考量宇宙整体的诞生与演化。一个个惊人的发现，一张张绝美的天文图片，天文学的发现为我们展示着科学的力量。

【41】文中画线词语拼音正确的一项是：

A 好奇（hàoqí）

B 拓展（tuòzǎn）

C 考量（kǎoliàng）

D 诞生（dànshēn）

42 ～ 44

我们对“玩儿”这个词都有误解。比如，我们总是把玩儿与自由__42__起来，认为自己想做的事情才是好玩儿的事情，但是我们永远都不会满足，因为这个世界本身就是深深受限的。

真正的自由不是逃避既定的限制，而恰恰是在限制之内的__43__。只有当自由被限制的时候，玩儿才是可能的，比如足球规定了不能用手和手臂操纵一个足球入网，俄罗斯方块规定了必须用几个方块填满一行横向格子……

在玩儿这件事情上，大人也许应该以孩子为师，不是因为孩子们的心更__44__，或更自由，而是因为他们不得不生活在一个更为受限的世界里。这个世界并非为他们而设计，这个世界首要关心的也不是他们的愿望与福利，所以他们必须做出更多的妥协和调整。

【42】文中__42__处应该填写的词语是：

A 联系

B 关系

C 合作

D 接触

【43】文中__43__处应该填写的词语是：

A 实行

B 实验

C 实践

D 实施

【44】文中 44 处应该填写的词语是：

A 开明
B 开放
C 开化
D 奔放

45 ～ 47

自然现象是由自然界的条件制约而形成或发生的，是自然界的物理变化过程。比如太阳、月亮、下雨等都是自然现象，而语言则不同。同时，语言也不是个人现象。尽管个人在语言的发展中可能起到不同 45 的作用，但任何个人都不能创造语言，任何语言也不能为某个人所独有。

语言是人类社会的产物。没有人类社会，就没有语言。人类和其他动物不同，从开始存在的第一天起，就 46 集体劳动的方式，共同创造生产工具，共同改造自然，共同生产生活资料，而其他动物只是出自本能去采集赖以生存的必需品。在创造物质财富的共同劳动中，为了 47 人与人之间的生产行为，语言的功能显得十分突出，以至于成为人类交往不可缺少的重要工具。

【45】文中 45 处应该填写的词语是：

A 路程
B 程度
C 等级
D 级别

【46】文中 46 处应该填写的词语是：

A 录用
B 录取
C 采取
D 采纳

【47】文中 47 处应该填写的词语是：

A 协调
B 协助
C 调动
D 援助

48 ～ 50

灯笼，又称灯彩，是一种古老的中国传统工艺品。在很久很久以前，灯笼不是一种美的存在，而是一种智慧的存在。因为中国第一盏灯笼的出现，全世界才有了第一盏可以照亮前路的便携式照明工具。

最早的灯笼是写在甲骨文上的，当时的人们用“东”字来__48__最原始的灯笼的样子，那时的灯笼是用竹条与布扎成的。直到汉朝，灯笼__49__都是这么做的，西汉才有了第一盏纸灯笼，而西汉时，民间已经有了元宵节前后挂灯笼的习俗。而平时，灯笼就只是照明，用来标明官衔、字号、身份的门灯，并没有太多的含义。

随着社会的发展，人们已经不需要这种古老的工具来照明了，所以灯笼就变成了纯粹的象征，它象征着中华民族灿烂的文化，且已成为非物质文化遗产的一部分。可在国外的中国人聚居区，一年四季都还挂着中国的大红灯笼，让人以为自己回到了故土。在这些国家，红灯笼__50__着中国，安慰着远方的异乡人。

【48】文中__48__处应该填写的词语是：

A 形状
B 形容
C 形式
D 形象

【49】文中__49__处应该填写的词语是：

A 大概
B 概括
C 大意
D 概况

【50】文中__50__处应该填写的词语是：

A 意思
B 意味
C 意义
D 品味

51 ～ 53

各种类别的口吃涵盖了沟通障碍中的大部分。神经源性口吃和心因性口吃，正如名称所指，都有其特定的已知病因。例如，患者的大脑结构存在缺陷或患者面临__51__的心理挑战。发育性口吃最为常见，__52__始于两岁半到四岁之间。除了讲话不流畅外，口吃患者通常还会有消极的情绪、认知性或行为性反应，这些因素会进一步影响交流能力。

现在有理论认为，多种遗传和环境方面影响的综合作用导致了口吃的产生。目前，人们已经对运动技能、语言技能和性情等部分影响进行了仔细研究，虽然许多治疗方法已被证明能成功减轻患者的口吃症状，但至今还没有任何方法能够治愈口吃。这些有效的治疗方法包括：进行训练以便改变讲话方式；咨询语言病理学家以便将负面影响减到最低；进行药物干预，安装电子器械，以期提高说话的流利程度。对许多人来说，自我调节和互助小组的帮助对__53__口吃也有显著作用。

【51】文中__51__处应该填写的词语是：

A 严格
B 庄严
C 严厉
D 严峻

【52】文中__52__处应该填写的词语是：

A 日常
B 照常
C 经常
D 通常

【53】文中__53__处应该填写的词语是：

A 改善
B 改良
C 改革
D 好转

54 ～ 56

书籍、音乐、电影、家庭照片、旅行纪念品、母亲的旧家具、祖母的茶壶，甚至墙面的颜色，这些都是“情感调节器”，能帮助一个人回忆过去的美好时光，或者专注于眼前的某项工作。根据心理专家的研究，在所有的“情感调节器”中，音乐是判断一个人最可靠的线索。即使面对一个陌生人，只要瞥一眼他手机上的音乐播放列表，你就可以迅速得到他平常并不显露的许多心理信息，比靠外表、衣着来判断更可靠。比如摇滚乐爱好者倾向于焦虑，不怎么友好，但更开放，更具有艺术气息。

宠物也许不应该列入“东西”的行列，但它们对主人确实可以起到非常重要的情感调节作用。有人专门研究过爱猫人和爱狗人的区别。与猫相比，狗更爱热闹，喜社交，所以喜欢狗的人也通常会有更强的社交能力。总体上，爱狗人比爱猫人更倾向于外向型性格，更友好，也更尽责。而爱猫人则更倾向于内向型性格，更敏感，也更开放。

【54】根据本文，判断一个人最可靠的“情感调节器”是什么？

A 音乐
B 书籍
C 电影
D 照片

【55】根据本文，摇滚乐爱好者可能有什么特点？

A 活泼开朗
B 对人友好
C 擅长穿搭
D 具有艺术气息

【56】与爱猫人相比，爱狗人有什么特点？

A 更敏感
B 更开放
C 更尽责
D 更内向

57 ～ 59

绿色消费，就是倡导消费者在与自然协调发展的基础上，进行科学合理的生活消费，提倡健康适度的消费心理，弘扬高尚的消费道德及行为规范，并通过改变消费方式来引导生产模式发生重大变革，进而调整产业经济结构，促进生态产业发展的消费理念。它包含三层含义：一是倡导消费者在消费时选择未被污染或有助于公众健康的绿色产品；二是在消费过程中注重对垃圾的处置，避免造成环境污染；三是引导消费者转变消费观念，崇尚自然，追求健康，并在追求生活舒适的同时，注重环保，节约资源和能源，实现可持续消费。

很多人会问：绿色消费与传统消费有什么不同呢？一是理念不同。在传统消费理念下，人们为满足自己的私欲，疯狂地掠夺大自然、破坏生态环境；绿色消费则以满足人的基本需求为中心，以保护生态环境为宗旨。二是着眼点不同。传统消费是满足当代人的需求，大量开采有限的自然资源；绿色消费则追求消费的可持续性。三是追求不同。传统消费追求奢华，倡导高消费、多消费和超前消费，人们常常不是为了需求而消费，而是为了面子消费；绿色消费则崇尚自然纯朴、节俭适度，在合理、充分利用自然资源的基础上，最大限度地满足自己的需求。四是结果不同。传统消费已经带来了资源短缺、环境污染和生态破坏的恶果；绿色消费则把环境保护和生态平衡放在首位，让我们赖以生存的地球家园变得更加美好。

【57】根据第一段，绿色消费：

A 可以让产品不再被污染

B 可以减少身体疾病的发生

C 可以决定生产模式的改革

D 可以引导人们转变消费观念

【58】根据第二段，我们可以知道：

A 传统消费主张可持续消费

B 传统消费以提倡健康为中心

C 绿色消费可以让大自然更美好

D 绿色消费主要是为了面子消费

【59】本文主要介绍了什么？

A 消费对环境污染很重要

B 消费有助于改善生态环境

C 消费者与自然要和谐相处

D 绿色消费与传统消费的不同

60 ～ 63

近视不会被治好——这一事实正被越来越多的人所接受。

我们如何看到世界？光线依次通过角膜、晶状体、玻璃体等部位发生折射，最后在视网膜上形成影像，通过视觉神经将图像传递给大脑。从接受光线的最表层，到视网膜感受光线的最里层间的虚拟中轴线，即是眼轴。

一颗近视的眼球，其眼轴的长度会大于健康眼轴的平均长度。当光线进入眼球时，无法在视网膜上成像，而是落在视网膜前端，因此视线模糊。常见的说法是眼轴增加 1 毫米长度，近视增长 300 度。

眼轴增加是结构性变化，不可恢复。因此近视是不可能被治愈的。

虽然早就接受了这一事实，但针对戴不戴眼镜这件事，王欣和丈夫还没达成统一意见。

王欣认为，孩子不戴眼镜看不清，很痛苦，更容易加深视疲劳。但是丈夫觉得，眼镜最好在看黑板和远处时再用，平时尽量别戴。

事实上，不少青少年成长过程中常听到的一个说法是：“眼镜戴上就摘不下来了，所以能不戴尽量别戴。”遗憾的是，这个错误的说法流传至今，依然是一些家长认识上的误区。

北京大学第一医院小儿眼科主任李晓清说，有很多家长即便知道孩子视力下降，也不愿给孩子验光配镜，这是不对的。“一系列研究已经证实，孩子视力低不戴眼镜，视网膜成像模糊，更容易使近视加快发展。”李晓清说。浙江省人民医院眼科副主任医师沈婷建议，近视 100 度以上时就应该配副合适的眼镜，否则会影响日常生活。

【60】根据第二段，眼轴是：

A 从角膜到玻璃体的中轴线

B 从角膜到晶状体的中轴线

C 从晶状体到视网膜的中轴线

D 从角膜到视网膜最里层的中轴线

【61】根据本文，近视不可治愈的根本原因是什么？

A 眼轴变短，无法成像

B 眼球结构变化无法复原

C 光线落在近视眼球视网膜后端

D 光线落在近视眼球视网膜前端

【62】关于近视，下列说法正确的是：

A 尽量别戴眼镜

B 别着急验光配镜

C 眼镜戴上就摘不下来了

D 100 度以上就应该戴眼镜

【63】本文主要讲了什么？

A 近视的原理

B 近视是不可治愈的

C 我们如何看到这个世界

D 孩子近视后是否要配戴眼镜

64 ～ 67

高考的形式变化过很多次，但语文和数学是雷打不动的两门科目，因为它们代表着人类智力的两个最基本的特征，是人类区别于其他动物的关键所在。

过去，学者们曾经认为，人类是唯一具备数学能力的动物。但 20 世纪 50 年代开始的一系列动物行为实验表明，蜜蜂、小鸡和某些鱼类都是会数数的，只不过它们只能数到 3 而已，而且只是有数感，还不具备抽象的数字概念。

那么人类从何时开始，又以怎样的方式进化出了数字的概念呢？我们可以从语言中找到一些线索。有人曾经研究过澳大利亚原住民的语言，发现其中有 139 个原始部落的语言里没有 4 以上的数字。进一步研究发现，这些部落成员的智力水平并不比其他部落差，但平均每个成员所拥有的私人物品的数量却比其他部落少很多，因此有一个假说认为人类之所以进化出抽象的数字概念，是拜需求所赐。

一些研究骨骼化石的考古学家提出过另一个关于数字起源的假说。他们认为早期人类是在用石刀剔肉时偶尔在骨头上留下刻痕，之后一些人产生了第一个智力飞跃，意识到这些刻痕可以用来记录某个抽象的概念。之后又有一些人产生了第二个智力飞跃，意识到这些刻痕可以用来记录数字。换句话说，这个假说认为数字的出现不一定和物质需求有关，而是代表着人类智力的一次飞跃。

有意思的是，一项新的研究表明，比我们的祖先现代智人更古老的尼安德特人很有可能也具备了抽象的数字概念，因为考古人员在他们的遗迹中发现了有多条划痕的骨头。如果这个结论被证实的话，那就说明尼安德特人在数学上的智慧很可能不比现代智人差。但是一些理论认为尼安德特人的喉咙结构有欠缺，导致他们的语言能力不如现代智人，所以我们的祖先很可能是赢在了语文上。

【64】澳大利亚一些原始部落的语言里没有 4 以上的数字可能是因为：

A 部落成员没有数字概念

B 部落成员没有私人物品

C 部落成员的智力水平较低

D 部落成员的物质需求较低

【65】根据第四段，考古学家认为数字的出现代表着：

A 人类的智力飞跃

B 人类的物质需求

C 人类的语言发展

D 人类的生活方式

【66】根据最后一段，现代智人赢过尼安德特人很可能是因为：

A 数学能力的发展

B 语言能力的发展

C 生理结构的进化

D 智力水平的飞跃

【67】根据本文，下列说法正确的是：

A 只有人类具备数学能力

B 动物也具有抽象数字概念

C 动物具备和人一样的数学能力

D 人与其他动物的区别关键在于智力

68 ～ 71

神经科学家发现了一个令人失望的消息：人脑并没有什么广阔的、未利用的区域可供开发了。此外，专家组研究了那些有助于自我提升的产品，结果发现，对于人们一生的成功而言，不存在任何可信的能够代替反复练习和努力工作的“人脑刺激器”。

有一种说法是一般人脑有 90% 终生不用。对此，神经科学家为什么会产生怀疑？首先，人脑和其他任何器官一样都是自然选择的结果。从新陈代谢的角度看，人脑组织的发育和运转都要付出昂贵的代价。因而，进化居然会浪费如此多的资源，去构建和维护一个利用率如此之低的器官，这种说法实在令人难以置信。

此外，充分的临床神经病学证据也加深了这种怀疑。事故或疾病所造成的远少于 90% 的人脑区域损失，会产生灾难性的后果。无论卒中或其他创伤损坏了人脑的哪个区域，患者几乎都会出现某种功能性损伤。同样，在进行神经外科手术时，用电流刺激人脑位点也没有发现任何处于休眠状态的人脑区域。

研究人员借助脑电图、脑磁图、正电子发射断层扫描仪以及功能性磁共振成像仪等手段，成功将大量心理功能与人脑特定中心和系统相互对应。利用动物进行实验时，研究人员甚至可以把记录探针插入动物脑内。接受神经治疗的患者偶尔也被当作这种实验的对象。尽管研究人员探测得如此细微，但他们还是没有找到任何处于休眠状态的人脑区域。

毫无疑问，人脑只利用了 10% 这个传言，一直激励着无数人终其一生为追求更强大的创造力和更高的工作效率而努力奋斗。它带给人们慰藉、鼓励和希望，但是，与众多令人振奋的传言一样，事实真相似乎是最无关紧要的。

【68】神经科学家的研究告诉我们：

A 人生成功有赖科学进步

B 人生成功没有什么捷径

C 人脑有 90% 没什么用处

D 人类的未来令人感到悲观

【69】下列哪一项是神经科学家对人脑只利用了 10% 这个传言产生怀疑的依据？

A 人脑有 90% 不参与新陈代谢

B 通过仪器找到了人脑休眠的区域

C 极小的脑损伤却产生毁灭性后果

D 很多心理功能与人脑区域难对应

【70】人们为什么愿意相信这个传言？

A 因为事实真相很难被发现

B 这是人类生活经验的总结

C 科学家已经找到了科学依据

D 它对人的心理产生了积极作用

【71】最适合做本文标题的一项是：

A 脑开发助你成功

B 聪明比努力更重要

C 人脑 90% 终生不用

D 人脑只利用了 10% 吗？

72 ～ 75

远古时代的人类狩猎，农耕时代的人类耕种，而到了现代社会，人类从事的很多职业和休闲活动都是低运动量的。计算机和网络技术更是强化了这种趋势，我们可以面对一个屏幕，身未动，心已远。不用跋山涉水，拨通号码就可以与友人面对面。不用下楼遛弯，下个订单就能让外卖送餐上门。如果在这样的生活状态下，我们不主动增加运动量，身体只怕就要退化，出现各种问题。

其实运动对身体健康有益，但并不是没有风险。过度的、不当的运动可能让关节受损，心脏承压，甚至加重形体问题。倒是运动对心理健康的益处，这些年来积累的研究证据越来越多，也极少发现风险。大量的研究证明运动有助于预防和缓解焦虑抑郁，就像广谱抗菌药一样，运动是广谱的情绪改善药。对于想要改善自己的情绪问题，但又不想走探究内心、调整想法这条路子的人来说，运动疗法也是一种选择。

运动有不同的种类和强度，用来改善心理问题时也存在适应证，所以开出改善心理健康的运动处方也是有专业性的。比如说，对于惊恐障碍患者来说，不仅运动类型需要选择，还需要辅以相应的心理调适。这是因为惊恐障碍患者对于身体的焦虑反应非常敏感，比如剧烈运动后心跳加快，惊恐障碍患者可能会把这种自然的生理反应误读为焦虑反应，并误以为是惊恐发作的前兆，因此恐慌感急剧增强，甚至真的引发惊恐发作。

即使不了解科学研究的结果，也没有专业人员的指导，仍有许多人努力培养运动习惯，其中一些人是因为察觉到了缺乏运动带来的问题或者体会到了运动带来的好处，然后开始运动，进行自我治疗。但找到适合自己的运动，对很多人来说并不是件容易的事。做不适合自己的运动，恐怕既缺乏乐趣，也影响信心，结果经常是半途而废。

就拿我来说，我喜欢舞蹈，参加过不少培训班，包括国标舞、民族舞、街舞……有时喜欢，有时不喜欢。后来我发现与舞种关系不大，重点在难度适宜。如果超出了我的能力，结果便容易热情消退，虎头蛇尾。从这点来看，运动的信心也很重要。

【72】现代社会出现了什么趋势？
- **A** 网络越来越方便
- **B** 人类越来越懒惰
- **C** 人类身体出现退化
- **D** 人类运动越来越少

【73】惊恐障碍患者剧烈运动后可能会怎样？
- **A** 引发死亡
- **B** 惊恐发作
- **C** 焦虑抑郁缓解
- **D** 身体素质得到提高

【74】培养运动习惯最重要的是什么？
- **A** 保证运动时间
- **B** 保证运动强度
- **C** 有专业人员指导
- **D** 找到适合自己的运动项目

【75】根据本文，下列说法正确的是：
- **A** 运动对身体健康没有风险
- **B** 运动对心理健康有很大风险
- **C** 运动对改善情绪有积极作用
- **D** 运动对身体损伤有广谱抗菌作用

76 ～ 80

有些父母对自己要求很严格，对孩子的要求也从不放松，似乎在父母的心里总有一个“龙生龙，凤生凤”的信念。而行为鲁莽、不讲规则的父母，他们的孩子也常常成为人们眼中的“熊孩子”。所以，很多人聊起亲子教育时，也常常认同“什么样的父母养出什么样的孩子”这种观点。

那么，孩子最终成为什么样的人，会受到哪些因素的影响呢？心理学研究发现，一个人最终成长为什么样子，大致会受以下几个因素的影响：

一、遗传。这不仅包括来自父母双方的基因，还有只属于孩子自己的天生气质类型。我们常常会发现孩子有些特质与其父母不同，有些孩子的专注力保持会高过同龄孩子，而有些孩子则表现出更丰富的情感体验，还有些孩子在认知能力方面更偏重于空间知觉，于是在做搭建积木类游戏的时候表现出更多的优势。这些事实都表明，每个孩子都具有天生的、与众不同的气质类型，这样的气质差别是无法评价其优劣的。

二、家庭的养育风格。这其中也包括了养育者与一个具有独特气质类型孩子的互动模式。举例来说，一个表现出偏焦虑气质，容易不安、紧张的孩子，可能在婴儿阶段他的焦躁不安以及哭闹行为没有稳定地得到及时满足与安抚，也可能其天生的性格特质导致对他的安抚显得很困难，因此其养育者因为频繁体验受挫而放弃。如果这样的孩子遇到了节奏相对缓慢、不够敏感的养育者，难以及时体察婴儿的需要，孩子很可能会被认为难养。养育者一旦形成并秉承了这样的信念，会在未来的育儿过程中点点滴滴地影响养育者与孩子的互动，进而又会直接影响孩子借由养育者的评价去认识那个养育者眼中的孩子——我，由此其自我认识也会受到影响。

三、社会环境。这是指家庭之外的环境对孩子人格成长的影响。我们常常看到在一个家庭背景下，不同的孩子却有着完全不同的人生轨迹。除了有天生气质类型的因素以外，在同样的家庭教育条件下，对孩子的人格影响巨大的，就是其后天所接触到的社会环境。

虽然家庭对孩子的影响至关重要，但父母无须因此变得处处谨小慎微，以为自己哪里稍有一点儿没做好，就会带给孩子无法弥补的心灵创伤。事实上，降低此类焦虑，不让这份担心在无意中淹没了养育过程，可能是父母能够带给孩子最好的影响之一了。

【76】人们对教育的认识通常是怎样的？

A 父母决定了孩子的成长

B 社会决定了孩子的成长

C 遗传决定了孩子的成长

D 教育的方式决定孩子的成长

【77】关于遗传的作用，下列说法正确的是：

A 遗传使教育孩子无效

B 遗传决定孩子的优劣

C 遗传使孩子与父母相同

D 遗传使孩子具有独特的气质

【78】为什么有的孩子被认为难养？

A 因为养育者缺乏耐心

B 因为养育者不够敏感

C 因为孩子有焦虑的气质

D 因为养育者与孩子之间存在互动矛盾

【79】父母的哪种情况可能对孩子产生不良影响？

A 对孩子要求严格

B 父母是成功人士

C 父母情绪很焦虑

D 很重视家庭教育

【80】本文主要讲了什么？

A 父母对孩子的影响无关紧要

B 遗传决定了孩子的气质类型

C 孩子自我认识受到养育者影响

D 孩子的成长受多方面因素影响

三、书面表达

（16 题，45 分钟）

第 一 部 分

（15 题，10 分钟）

说明：81 ～ 90 题，在每题的语句中有一个或两个空白处，题后有 **ABCD** 四个备选答案，其中只有一个可以放入空白处使语句表达通顺。请选出唯一恰当的答案，并在答题卡的相应字母上画一横道。

81. 父母知道________欺骗我说外祖母睡着了，________对我说实话——外祖母永远不会回来了。

A 是……还是……

B 宁可……也不……

C 与其……不如……

D 不是……而是……

82. ________连续几年来，袁隆平所从事的杂交水稻研究进展缓慢，________他无怨无悔，不急不躁，心无旁骛地继续他的事业。

A 无论……都……

B 即使……还是……

C 如果……那么……

D 尽管……但是……

83. 听说老刘要来家里做客，老张________________________________。

A 就去买菜割肉了一大早起来菜市场

B 一大早起来买菜割肉就去了菜市场

C 一大早起来就去菜市场买菜割肉了

D 一大早起来了买菜割肉就去菜市场

84. 学雷锋小组的志愿者们到老军人家中义务服务，给老人体检、打扫房间，____________。

A 按实际行动践行雷锋精神

B 把实际行动践行雷锋精神

C 以实际行动践行雷锋精神

D 被实际行动践行雷锋精神

85. 小明学习进步很大，__________________，已经从全班的后五名上升到前五名了。

A 跟这次语文考试成绩来说

B 比这次语文考试成绩来说

C 对这次语文考试成绩来说

D 拿这次语文考试成绩来说

86. 当今社会各行各业的激烈竞争______________________________________。

A 使变得处于现代生活环境中的我们繁忙而紧张

B 使处于现代生活环境中的我们变得繁忙而紧张

C 使现代生活环境中的我们变得处于繁忙而紧张

D 使我们的现代生活环境中处于变得繁忙而紧张

87. 留白，原本是中国绘画中一种常用的手法，后来__________________________。

A 这种手法渐渐移植到文学创作中被

B 这种手法到文学创作中被渐渐移植

C 这种手法渐渐被移植到文学创作中

D 这种手法渐渐移植到被文学创作中

88. 根据专家的调查，____。

A 当今心理疾病的发生率比二十年前提高了五倍

B 当今心理疾病的发生率比二十年前五倍提高了

C 比二十年前当今心理疾病的发生率提高了五倍

D 当今心理疾病的发生率提高了五倍比二十年前

89. 他在我家里只待了不到五分钟，______________________________________。

A 连都没有喝一口茶就匆匆忙忙地离开了

B 连茶都没有一口喝就匆匆忙忙地离开了

C 连都茶没有喝一口就匆匆忙忙地离开了

D 连茶都没有喝一口就匆匆忙忙地离开了

90. 回眸新中国的发展历程，____。

A 中国人没有不倍感自豪的为其取得的成就

B 中国人不为其取得的成就没有倍感自豪的

C 中国人没有不为其取得的成就倍感自豪的

D 中国人没有倍感自豪的不为其取得的成就

3 · 3 · 3 · 3 · 3 · 3 · 3

说明：91～95 题，在这一部分里，每题的语句中有 **ABCD** 四个带有下划线的词语，去掉其中某一个词语会使句子表达产生错误。请找出这个词语，并在答题卡的相应字母上画一横道。

91. 一些抑郁症患者尽管内心很痛苦和压抑，但表面上却表现得若无其事。
A 尽管　**B** 很　**C** 但　**D** 得

92. 我家的窗外有一个早市，我每天早上很早就被各种嘈杂的叫卖声吵醒了。
A 的　**B** 每天　**C** 被　**D** 嘈杂的

93. 他从年轻时起，就一直热衷于数学研究，从未间断，并且时常有自己的创新。
A 起　**B** 一直　**C** 于　**D** 未

94. 随着秋冬季节太阳照射时间逐渐缩短，人们的大脑活动和行为方式也会发生变化。
A 随着　**B** 逐渐　**C** 会　**D** 变化

95. 大量的证据表明，金钱可以使人更幸福，但其作用绝对没有人们想象的那么大，人际关系的质量比金钱有更大作用。
A 的　**B** 绝对　**C** 那么　**D** 有

请接下去进入作文考试

MHK

模拟试题（五）

卷 Ⅱ

书面表达第二部分

（作文，35 分钟）

作 文 要 求

1. 写作前认真阅读作文提示，按提示要求在规定的时间内写完。
2. 用简体字书写。每个空格写一个字，书写要清楚工整；每个标点符号占一个或两个空格，标点符号使用要规范。
3. 作文中不得出现跟考生有关的校名、地名和真实姓名。
4. 保持卷面整洁，不得涂画损坏答卷。

作文提示：

世界无烟日就要到了，学校将进行相关的宣传活动。请你以校学生会的名义向全校同学写一封倡议书，号召大家创造无烟环境。题目自拟，全文不得少于350 字。

MHK

口试模拟题（五）

（三 级）

（一）朗读

关系好也要及时沟通，再亲密的关系，没有沟通，彼此间也会产生距离。

曾经有一对夫妻，每次吃鸡蛋时，妻子都把自己喜欢的蛋黄给丈夫，自己吃蛋白，而丈夫也把自己喜欢吃的蛋白给妻子，自己吃蛋黄。

几年后的一天，丈夫临时回家，发现妻子正津津有味地吃着蛋黄，他感到很奇怪，便问："你不是只喜欢吃蛋白吗？"妻子说，实际上她最喜欢吃的是蛋黄。而丈夫也感慨道，自己最喜欢的可是蛋白啊。

夫妻俩的你尊我让、相敬如宾的确让人羡慕，但缺乏沟通也让人遗憾，他们都没有了解对方真正喜欢什么。

经常沟通才能更好地了解对方，走进对方的心里。不沟通的付出很难让人感受到你的心意，有时候对方还会觉得你的付出是一种负担。

所以，有人说："沟通应是两个人走在一起的第一步，而不是最后一步。"

再好的关系，也要保持真诚、及时、有效的沟通，让对方知道你想要的是什么。只有及时沟通，才能更好地理解对方，增进彼此间的感情。

（二）回答问题

问题 1：丈夫有一天临时回家后发现了什么？

问题 2：请结合实际，谈一谈人与人之间沟通的重要性。

MHK

（三级）答题卡

白 色 检 测 区 ， 请 勿 污 染 ！

填涂说明

1. 答题前，考生先将自己的姓名等项填写清楚。
2. 选择题必须使用 2B 铅笔填涂，作文必须使用黑色或蓝色签字笔书写，应字体工整、笔迹清楚。
3. 保持卷面整洁，不要折叠、弄破，不准使用涂改液、刮纸刀。
4. 填涂示例：正确填涂 ▬

 错误填涂 [A] [B] [C] [D]

姓　　名：________

性　　别：男▭　女▭　试卷号码：________

考 场 号：________　座 位 号：________

考 生 号：________

贴条形码区

姓名

考场号

A ▬

选 择 题

1[A][B][C][D]	21[A][B][C][D]	41[A][B][C][D]	61[A][B][C][D]	81[A][B][C][D]
2[A][B][C][D]	22[A][B][C][D]	42[A][B][C][D]	62[A][B][C][D]	82[A][B][C][D]
3[A][B][C][D]	23[A][B][C][D]	43[A][B][C][D]	63[A][B][C][D]	83[A][B][C][D]
4[A][B][C][D]	24[A][B][C][D]	44[A][B][C][D]	64[A][B][C][D]	84[A][B][C][D]
5[A][B][C][D]	25[A][B][C][D]	45[A][B][C][D]	65[A][B][C][D]	85[A][B][C][D]
6[A][B][C][D]	26[A][B][C][D]	46[A][B][C][D]	66[A][B][C][D]	86[A][B][C][D]
7[A][B][C][D]	27[A][B][C][D]	47[A][B][C][D]	67[A][B][C][D]	87[A][B][C][D]
8[A][B][C][D]	28[A][B][C][D]	48[A][B][C][D]	68[A][B][C][D]	88[A][B][C][D]
9[A][B][C][D]	29[A][B][C][D]	49[A][B][C][D]	69[A][B][C][D]	89[A][B][C][D]
10[A][B][C][D]	30[A][B][C][D]	50[A][B][C][D]	70[A][B][C][D]	90[A][B][C][D]
11[A][B][C][D]	31[A][B][C][D]	51[A][B][C][D]	71[A][B][C][D]	91[A][B][C][D]
12[A][B][C][D]	32[A][B][C][D]	52[A][B][C][D]	72[A][B][C][D]	92[A][B][C][D]
13[A][B][C][D]	33[A][B][C][D]	53[A][B][C][D]	73[A][B][C][D]	93[A][B][C][D]
14[A][B][C][D]	34[A][B][C][D]	54[A][B][C][D]	74[A][B][C][D]	94[A][B][C][D]
15[A][B][C][D]	35[A][B][C][D]	55[A][B][C][D]	75[A][B][C][D]	95[A][B][C][D]
16[A][B][C][D]	36[A][B][C][D]	56[A][B][C][D]	76[A][B][C][D]	
17[A][B][C][D]	37[A][B][C][D]	57[A][B][C][D]	77[A][B][C][D]	
18[A][B][C][D]	38[A][B][C][D]	58[A][B][C][D]	78[A][B][C][D]	
19[A][B][C][D]	39[A][B][C][D]	59[A][B][C][D]	79[A][B][C][D]	
20[A][B][C][D]	40[A][B][C][D]	60[A][B][C][D]	80[A][B][C][D]	

书面表达（作文）

（35 分钟）

作 文 要 求

1. 写作前认真阅读作文提示，按提示要求在规定的时间内写完。
2. 用简体字书写。每个空格写一个字，书写要清楚工整；每个标点符号占一个或两个空格，标点符号使用要规范。
3. 作文中不得出现跟考生有关的校名、地名和真实姓名。
4. 保持卷面整洁，不得涂画损坏答卷。

翻开此页到背面答题

注意作文格式及字数要求

白 色 检 测 区 ，请 勿 污 染 ！

100 字

200 字

300 字

400 字

500 字

600 字

MHK

模拟试题（六）

（三　级）

卷　Ⅰ

注 意 事 项

一、MHK（三级）考试试卷分为卷Ⅰ和卷Ⅱ两部分：

1. 卷Ⅰ为客观选择题，每题都有四个供选择的答案，要求在答题卡上画出代表正确答案的字母，每题只能画一横道，如 [A] ■ [C] [D]，多画作废。

请考生注意：卷Ⅰ使用阅读机阅卷，答案必须用铅笔画在答题卡上，不能写在试卷上。

卷Ⅰ包括三项内容，共95题。

（1）听力理解（40题，约30分钟）

（2）阅读理解（40题，45分钟）

（3）书面表达（15题，10分钟）

2. 卷Ⅱ为书面表达主观题（作文），35分钟。内容用黑色钢笔或签字笔写在答题卡的方格内。

全部考试时间约120分钟。

二、注意每部分试题的答题说明，严格按照说明的要求，在规定的时间内回答问题。

三、严格遵守考试规则，听从主考人员的指挥。考试结束后，必须把试卷和答题卡放在桌子上，等监考人员收回、清点后，才能离场。

1 • 1 • 1 • 1 • 1 • 1 • 1

一、听力理解

（40题，约30分钟）

第 一 部 分

说明： 1～15题，这部分试题，都是两个人的简短对话，第三个人根据对话提出一个问题，请你在四个备选答案中选出唯一恰当的答案。

例如： 第8题，你听到：

第一个人说：……

第二个人说：……

第三个人说：……

你在试卷上看到四个答案：

A 衬衫　　**B** 毛衣　　**C** 裤子　　**D** 鞋子

第8题唯一恰当的答案是**C**，你应该在答题卡上找到号码8，在字母**C**上画一横道。横道一定要画得粗一些，重一些。

8［**A**］　［**B**］　■　［**D**］

1. **A** 服装店
   B 图书馆
   C 电影院
   D 办公室

2. **A** 很忙
   B 生病了
   C 在减肥
   D 吃不下饭

3. **A** 男的没有压力
   B 记者的压力大
   C 做什么都会有压力
   D 男的可以干别的工作

4. **A** 很差
   B 很好
   C 还可以
   D 不太好

5. **A** 2个
   B 3个
   C 4个
   D 5个

6. **A** 同事
   B 夫妻
   C 师生
   D 同学

7. **A** 不必客气
   B 为什么客气
   C 他们不熟悉
   D 女的没白跑一趟

8. **A** 男的学历高
   B 男的工作不辛苦
   C 男的工作不稳定
   D 男的不打算换工作

9. **A** 四川不太热
B 海南不太热
C 海南比四川热
D 四川比海南热

10. **A** 男的快毕业了
B 男的找到了一份好工作
C 男的觉得女的的工作好
D 男的给女的介绍了工作

11. **A** 老王退休了
B 老王喜欢养花
C 老王喜欢唱歌
D 老王喜欢跳舞

12. **A** 女的是北方人
B 女的是南方人
C 女的喜欢吃面食
D 女的不习惯吃米饭

13. **A** 睡醒了
B 被男的吵醒了
C 被电话铃声吵醒了
D 男的叫她起来接电话

14. **A** 学生和老师
B 病人和医生
C 妻子和丈夫
D 售货员和顾客

15. **A** 累不着
B 骑车太累
C 走路很累
D 他不想拿东西

第二部分

说明： 16～40 题，这部分试题中，你将听到几段简要的对话或讲话。每段话之后，你将听到几个问题，请你在四个书面答案中选出唯一恰当的答案。

例如： 第 25～27 题，你听到：

第一个人说：……

第二个人说：……

……

第三个人根据这段对话提出三个问题：

25. 问：……

你在试卷上看到四个答案：

A 饭馆　　**B** 邮局　　**C** 商店　　**D** 路口

根据对话，第 25 题唯一恰当的答案是 **A**，你应该在答题卡上找到号码 25，在字母 **A** 上画一横道。横道一定要画得粗一些，重一些。

25 [redacted]　　[**B**]　　[**C**]　　[**D**]

你又听到：

……

27. 问：……

你在试卷上看到四个答案：

A 寄信　　**B** 打电话　　**C** 取包裹　　**D** 买报纸

根据对话，第 27 题唯一恰当的答案是 **D**，你应该在答题卡上找到号码 27，在字母 **D** 上画一横道。横道一定要画得粗一些，重一些。

27 [**A**]　　[**B**]　　[**C**]　　[redacted]

如果是一段讲话，在播放完讲话后，提出几个问题。

16. **A** 第一次
B 第二次
C 第三次
D 第四次

17. **A** 修路
B 旅游
C 买房
D 开会

18. **A** 机场
B 车上
C 学校
D 火车站

19. **A** 果断
B 勇敢
C 诚信
D 有担当

20. A 理解能力
B 思维能力
C 分析能力
D 表达能力

21. A 幼儿阶段
B 小学阶段
C 中学阶段
D 大学阶段

22. A 导演
B 演员
C 编剧
D 作家

23. A 硬汉型
B 搞笑型
C 帅酷型
D 儒雅型

24. A 保持对表演的热爱
B 受到观众的高度关注
C 一直保持现在的状态
D 有一个幸福快乐的家庭

25. A 感到迷茫
B 不知所措
C 特别幸福
D 还没有适应

26. A 一种污染物质
B 清洁空气的物质
C 类似氟利昂的物质
D 类似镇静剂的物质

27. A 消化系统
B 循环系统
C 神经系统
D 呼吸系统

28. A 不使用空气清新剂
B 多使用空气清新剂
C 尽量少使用空气清新剂
D 应用空气清新剂改善空气质量

29. A 一个
B 两个
C 三个
D 四个

30. A 信息化时代来临
B 大数据时代来临
C 快递业的发展方向
D 社区服务的发展方向

31. A 价格低廉
B 可 24 小时服务
C 可杜绝快递纠纷
D 可连接各个快递公司

32. A 快递员的工作
B 智能快递柜的使用
C 智能快递站的新模式
D 智能快递的发展和优势

33. A 抽烟
B 喝酒
C 喝浓茶
D 少吃瘦肉

34. A 50 毫克
B 60 毫克
C 55 克左右
D 65 克左右

35. A 补钙
B 长高
C 增重
D 钙流失

36. **A** 脂肪中有蛋白质
B 脂肪可以把钙吸收
C 脂肪和钙无法相容
D 脂肪酸和钙结合会形成钙盐

37. **A** 挑酸的吃
B 挑甜的吃
C 先挑最好的吃
D 把最好的留在最后吃

38. **A** 吃东西不挑的人
B 两种人都不快乐
C 先挑好吃的吃的人
D 把最好的留在最后吃的人

39. **A** 顶端
B 中间
C 根部
D 坏的地方

40. **A** 吃葡萄的新方法
B 吃甘蔗的好方法
C 一种积极的心态
D 做人处事的方法

二、阅读理解

（40 题，45 分钟）

说明：41 ～ 80 题，每段文字后都有几个问题，每个问题都有 ABCD 四个答案，请你阅读后根据每题要求选择唯一恰当的答案，并在答题卡的相应字母上画一横道。

41

扫地机器人逐渐走入千家万户，为我们的家居生活带来了极大的便利。主人的一句话就能吩咐扫地机器人完成扫地甚至拖地的工作。别看扫地机器人个头儿很小，它的身上可谓是集合了众多的创新科技，涉及机械、电子、控制、机器人甚至人工智能等多个学科领域，多种科技协同才能完成看似简单的清洁工作。

【41】文中画线词语拼音正确的一项是：

A 逐渐（zhuójiàn）

B 便利（piánlì）

C 涉及（shèjí）

D 看似（kànshì）

42 ～ 44

近日，一则关于救助断臂男孩儿的消息牵动了无数人的心。黄金 8 小时，从和田到乌鲁木齐，一场跨越 1400 千米、惊心动魄的陆空接力，一次 42 紧张与温暖的生死救助，为这个男孩儿的生命开启了新的春天。

在有限时间里、有限条件下，完成一台手术，让我们真真切切 43 了一把生死时速。手术的顺利进行离不开各族群众手足相亲、守望相助。

从当地医院多方联系，到警车开道护送 120 急救车前往机场，再到南航下令为男孩儿二次打开舱门，这些都为手术 44 了宝贵的时间。在这场陆空接力中，各行各业、各族各界，不论男女、不论职业，心往一处想、劲往一处使，用真情书写出人间大爱。

【42】文中 42 处应该填写的词语是：

A 充足

B 充分

C 充满

D 充实

【43】文中 43 处应该填写的词语是：

A 感动

B 感受

C 感化

D 感激

【44】文中＿44＿处应该填写的词语是：

A 取得

B 争取

C 夺取

D 占有

45 ～ 47

每家每户的厨房里总会多多少少存点儿绿豆。且不说那些绿豆粥、绿豆糕、小朋友吃的绿豆冰棍儿以及我们餐桌上的凉拌绿豆芽，单是夏日里每家每户的绿豆汤，就足以证明绿豆对餐桌的＿45＿之大。

更为特别的是，绿豆淀粉烹饪性能＿46＿。中国美食中有一种特殊的食材——粉条，尤以绿豆淀粉做的为佳。绿豆淀粉颗粒细腻，充分搅拌后，生产出来的粉条既透亮，又筋道。另外，富含淀粉的绿豆还有一个特殊用途，那就是＿47＿冻冰棍儿。细腻的绿豆淀粉赋予了冰棒特有的疏松感。

【45】文中＿45＿处应该填写的词语是：

A 贡献

B 献出

C 奉献

D 重要

【46】文中＿46＿处应该填写的词语是：

A 杰出

B 优秀

C 优良

D 优质

【47】文中＿47＿处应该填写的词语是：

A 制作

B 结成

C 制造

D 合成

48 ～ 50

一种能进行选择性收获的农用机器人已经悄悄地诞生了。它将__48__改变瓜果采摘完全依靠手工的落后状况。以甜瓜采摘为例，目前人们只是凭肉眼和经验来判定甜瓜是不是熟了。这样采摘下来的甜瓜，有一些还是生的，另一些则熟过了。摘果机器人有一双比人眼亮许多倍的“眼睛”。这双“眼睛”就是安装在它身上用来扫描植物的摄像机。机器人劳动时，先用鼓风机吹开甜瓜肚皮光亮的圆点，对甜瓜生熟的情况做出准确的__49__。同时，传感器负责检测甜瓜发出的香气，香气越浓，甜瓜就越熟。等这一系列__50__都完成了，机器人就会伸出它的抓臂，把熟甜瓜摘下来。紧接着，抓臂把甜瓜送到输送机上，称出重量，贴上标有品种和采摘日期的条码，甜瓜的采摘过程就完成了。

【48】文中__48__处应该填写的词语是：

A 全部
B 彻底
C 经常
D 往往

【49】文中__49__处应该填写的词语是：

A 检查
B 测量
C 打量
D 判断

【50】文中__50__处应该填写的词语是：

A 工程
B 动工
C 开工
D 工序

51 ～ 53

健步走讲究姿势和速度。但很多人在健步走时容易犯两种错误：低头导致身体前倾，或头抬得过高导致身体后仰。这两种姿势都可能导致身体失去__51__，让背部下方肌肉受到过大压力，从而造成肌肉拉伤和疼痛。

专家指导说，健步走时不要向上或者向下看，要目视前方，脖子和身体呈一条直线。在走步过程中，最好抬头挺胸，肩部放松，收紧腹部，不要翘臀，双臂应紧靠身体。走路时要多留意自己的身体姿势，及时纠正错误动作。锻炼最好每天保持 20 ～ 40 分钟，不可贪多。一定要__52__科学规律，不能一开始就快速走几公里，可以先参加低速健步走，让身体适应后，再逐渐提升速度。

当然，运动装备也很重要。健步走时，选择一双合适的鞋非常__53__。鞋不仅要舒适合脚，还要柔软有弹性，这样才能避免由于长时间快步走而造成的对身体的伤害。

【51】文中__51__处应该填写的词语是：

A 平衡
B 平均
C 平等
D 平静

【52】文中__52__处应该填写的词语是：

A 遵守
B 按照
C 遵循
D 发现

【53】文中__53__处应该填写的词语是：

A 紧迫
B 关键
C 科学
D 重点

54 ～ 56

家风究竟是什么？家风，顾名思义，是一个家庭或家族的传统风尚或作风，是一个家族代代相传的规矩，是每一个家庭成员从小到大都须遵循的祖训，是能够影响家庭成员精神、品德及行为的一种传统。

追溯历史，不管是大家还是小户，大多十分重视家族成员对家规的遵守和执行。从《颜氏家训》到《曾国藩家书》，公开出版的家训在百种以上。这些家风家训虽然并不完全相同，但其核心都是“仁义礼智信”，这也是中国传统价值体系中最核心的因素。事实上，中国传统文化和道德既是形成家风的基础，又通过家风在每一个家庭中传承。家风是我们引以为豪的中华五千年文明的一部分，同时也是中华五千年文明得以发展的载体。

家风不正的人，不可能有一心为公的情怀；家风不正的社会，也不可能有健康良好的政风与民风。良好的家风对社会而言，就是一种道德的力量。如果每个家庭成员都能拥有良好的家风，如果每个家庭都能传承优良的家风，社会道德水平将会大幅提升。一个家庭的家风是积极向善的，一个家庭的成员的品德是纯洁高尚的，那么一个社会必然是和谐的。

【54】根据本文，《颜氏家训》《曾国藩家书》都属于：

A 诗歌类

B 家训类

C 小说类

D 散文类

【55】根据本文，中国传统价值体系中最核心的因素是：

A 诚实

B 勤劳

C 一心为公

D 仁义礼智信

【56】根据本文，下列说法正确的是：

A 家风会影响家庭成员为人处事的风格

B 从历史上看，只有大户人家才注重家风家规

C 社会道德整体水平的提高是形成良好家风的基础

D 只有社会和谐，一个家的家庭成员才能有高尚的品德

57 ～ 59

食物的酸、甜、苦、辣、咸五种味道被传统中医称为“五味”。

食物消化后，酸味为肝胆所吸收，苦味为心脏、小肠所吸收，甜味为脾、胃所吸收，辣味为肺、大肠所吸收，咸味为肾脏、膀胱所吸收。各种不同性质的食物进入人体后，分别成为身体各器官的营养，所以养分不足或过多都会引起人体内脏器官的疾病。

酸味有收敛、固涩的功能。食用酸性的食物可增强身体收缩的功能，可以延缓疾病的发作。此外，出汗太多，或排泄频繁，也可以食用酸性的食物来治疗。

辣味的食物因为有发散的功能，所以多用于对表证的治疗。

气血不足会使人疲倦，甜食有补充气血的功能，所以人在疲倦时都比较喜欢甜食。甜食能解除肌肉的紧张，使身体柔软，甜食还能中和有毒性的东西，具有解毒的功能。

苦味有排除燥湿的功能。吃了苦的东西，会令人呕吐，借以排出体内的滞水。另外，苦味的食物还有利尿的作用。

咸味有软化硬物及促使下痢的功能。咸的食物能软化体内酸性的硬块，喝盐水能使胃肠内不干净的东西以下痢的方式排出体外。食盐便是最具代表性的咸味食物。

【57】食物消化后，被肾脏和膀胱吸收的是：

A 咸味
B 酸味
C 苦味
D 辣味

【58】如果感到疲倦，应该选择什么味道的食物？

A 苦味
B 辣味
C 酸味
D 甜味

【59】根据本文，下列说法正确的是：

A 气血不足的人应多吃咸味食品
B 多吃甜食可增强身体收缩功能
C 出汗太多的人可多吃酸性食物
D 多吃辣的食物有助于人体排尿

60 ～ 63

为什么应该阅读名著，并且要学会欣赏它们呢？

我提出三条充足的理由：第一，名著可以开阔你的眼界。第二，名著可以帮助你成长。第三，名著可以帮助你了解生活，认识自己。最后一点是，名著可以使人洞察自己的内心世界，这是从别处得不到的。可以肯定，你能够从许多书中得到乐趣。但是，一部名著，一旦你读进去了，它会把你带到更高的境界。

我常听到人们说："名著太难懂了，我啃不进去。"

让我出些主意，帮助你进入这个奇妙的世界。拿一本你打算读的名著，然后按照下面的建议去读吧。

知道你正在读什么。这是一部小说？剧本？还是传记或历史？要想知道这一点，查一查目录，读一读封面和前言，或者在网上查一查书名或作者。

不要躺在床上读。我承认名著会很难读，所以你必须思想活跃，器官敏锐。如果你躺在床上读，你就想睡觉，那么当你开始打瞌睡的时候，你就会埋怨那本书。

不要被众多的人物所左右。陀思妥耶夫斯基在他的《卡拉玛佐夫兄弟》一书中抛出了 50 个主要人物，托尔斯泰在《战争与和平》的第一章中用了 22 个又长又复杂的名字。这使你脑袋发涨。这时，不要急着往前翻，坚持看下去。渐渐地，这些人物形象会变得清晰。你会觉得和他们在一起，就像和你的老朋友在一起一样。要知道，你的许多朋友，在你们认识前也是陌生人。

【60】作者认为应该读名著，其中最特别的理由是：
A 可以开阔眼界
B 可以了解生活
C 可以帮助成长
D 可以洞察自己内心

【61】作者为什么说不能躺在床上读名著？
A 这是对名著作者的不尊重
B 躺着思想活跃，不能集中精神
C 躺着容易打瞌睡，思想不活跃
D 名著都很厚，躺着看眼睛会近视

【62】关于读名著，作者给出了几点建议？
A 一点
B 两点
C 三点
D 四点

【63】这篇文章主要介绍了：
A 名著当中人物的关系
B 读名著的理由和几点建议
C 怎样知道自己正在读什么
D 怎样通过读名著结交朋友

64 ～ 67

冬眠是动物应对恶劣环境的一种策略，科学上叫“蛰伏”。有人会说，冬天里睡得多、睡得久，不就是冬眠吗？其实并不是这样。

拿鱼来说，有几类鱼是会冬眠的，包括我们熟悉的鲤鱼、乌鳢，还有海里的鳗鲡。每当冬天来临，它们就把自己调到“冬眠档”：不吃、不喝、不游动。这看似与正常档的睡觉并无二致，但请注意它们的鳃。鱼类靠鳃呼吸，平时就算身体静止不动，鳃也会轻轻开合扇动。而进入冬眠的鱼，它们的鳃几乎不动，完全处于麻痹状态。冬眠的意义在于，尽量减少身体内外的生命活动，将能量消耗降到最低，以度过环境严酷的时间段。动物冬眠时，能把生命的时钟调得极慢。

所以除了呼吸，冬眠动物的体温、心跳等生命体征也都会降到极低的水平，比如生活在北美洲的普通箱龟，冬眠时心脏每 5 ～ 10 分钟才跳 1 次，实在让人惊叹。更夸张的是，它们几乎完全不呼吸，只靠皮肤吸入少许氧气。处于冬眠期的动物一般新陈代谢会变得非常缓慢，似乎与休克和死亡只差那么一点点。这就是冬眠与睡觉的本质区别。

【64】进入冬眠后的鱼类和平时睡觉最大的区别是：

A 不吃
B 不喝
C 不游动
D 几乎不呼吸

【65】根据本文，动物的冬眠指的是：

A 没有呼吸
B 处于休克状态
C 睡得多、睡得久
D 新陈代谢非常缓慢

【66】生活在北美洲的普通箱龟在冬眠时靠什么呼吸？

A 鳃
B 肺
C 皮肤
D 鼻子

【67】本文主要讲了什么内容？

A 什么是冬眠
B 冬眠的意义
C 鱼类如何冬眠
D 动物冬眠与睡觉的区别

68 ～ 71

云南境内有一颗耀眼的“绿色宝石”，它就是我国最大的热带植物宝库——西双版纳。

西双版纳的热带雨林古木参天，藤萝蔽日，进入林中就像到了奇花异树的海洋。这里的望天树高达七八十米，只有仰起头才能看到它的树冠，是名副其实的“森林巨人”。这里的古椿树粗壮高大，就是几个人拉起手来也围不拢。这里有重量惊人的黑黄檀，有钢铁一样硬的铁力木，有能够分泌毒液的箭毒木，也有能够供应淀粉的西米树。

常言说“独木不成林”，可在西双版纳，一棵树往往就是一片森林，有的竟是一座空中花园。一棵千年的大椿树，光它的气根就有二三十根。那些气根悬生在大树枝干上，直插泥土，简直就像一根根粗壮的支柱，很难分得清哪里是主干，哪里是气根。远远望去，一棵树就是一片森林。那些高大的乔木或油棕上，往往有几十种乃至上百种依附植物。每到春天，许多依附植物开出鲜艳的花朵，红的、黄的、白的、紫的……争奇斗艳，一棵树就是一座空中花园。

西双版纳的植物不但姿态万千，而且具有很高的经济价值。油棕被称为“世界油王”，可西双版纳的油瓜的含油量比油棕还要高出许多。这里的扁担藤简直就是一座座天然饮料厂。当你口干舌燥的时候，只要用刀砍断一根扁担藤，清甜可口的汁水就会像喷泉一样流出来。这里的黑心树是难得的“木材仓库”。这种树不怕砍伐，只要留下一段树桩，很快就会萌生出许许多多的嫩芽，两三年的工夫，这些嫩芽就能长成十来米高、比碗口还粗的大树。这种树的寿命特别长，一般可以活 200 ～ 400 年。一家人种上几棵黑心树，烧柴的问题就解决了。

【68】“森林巨人”指的是：

A 古椿树

B 西米树

C 黑黄檀

D 望天树

【69】西米树的特点是：

A 粗壮高大

B 重量惊人

C 分泌毒液

D 供应淀粉

【70】根据本文，下列哪种植物既可以被其他植物依附又具有经济价值？

A 乔木

B 油瓜

C 油棕

D 古椿树

【71】黑心树又被称为：

A“木材仓库”

B“绿色宝石”

C“世界油王”

D 天然饮料厂

72 ～ 75

没有北方小巷的喧闹嘈杂，没有南方小巷的娇水柔风，扬州的小巷只有那悠悠的古朴和淡淡的清闲。

要想读懂扬州的小巷就必须有小巷般的情怀。着一身布衣，踩着清晨石板路上的水迹，看着东关街两边未开的店铺，或者在打更时搬个小凳，坐在巷头，欣赏低墙遮月的景色，你的心灵会慢慢平静下来。

扬州的小巷是神秘的。宽的比得上一条小街，窄的却只能通过一人。小巷里有门外放着石狮子的豪宅，也有撑着竹竿晒咸菜的小屋；有青石板小院墙，也有灰石路木板房。有的小巷眼看越走越宽，最后才发觉是一个死胡同，而窄巷的尽头往往是另一片天地。如果没有人给你指路，你说不定会迷路呢。

扬州的小巷是充满生活气息的。家家户户都喜欢大开着门，老太太们聚在一起拉家常，小孩子也互相打闹着。稍稍热闹点儿的小巷必会有一两家杂什铺或小吃店。壮实的小伙计喜欢在人来时叫几声，老板娘也在旁边忙活。所以，在巷子里闻到葱油饼的香味也不足为奇。

扬州的小巷是雅致的。你若向哪家屋内张望一下，就会发现，尽管屋内陈设简单，却异常整洁，而且墙上必定挂着一两幅字画。如果你运气好，也许能在柳树下看到穿着清朝大马褂的卖艺人，拉着二胡唱着江南小调。对他们来说，脚下摆一个破瓷碗只不过是为了糊口，能与心爱的二胡为伴才是他们真正的快乐。

扬州的小巷是怀旧的。高高的院墙，挡住了萧娘的思愁，如烟散去；沉沉的大门，锁住了黛玉的感伤，流年似水。抚摸着斑驳的墙壁，我似乎还能看到那模糊的身影，倚在巷口静静地等待；那深深的回眸，如烟如梦，已是诀别。小巷是寂寞的，我想。如今，那些幽幽离愁已离我们远去，沉淀在小巷的记忆里。时间留给我们的，只有那轻轻的一声叹息，藏在小巷深处，我听得见。

有一条小巷，很深；有一种底蕴，很厚；有一片情怀，很久。

【72】与北方小巷相比，南方小巷的特点是：

A 古朴清闲

B 娇水柔风

C 喧闹嘈杂

D 雅致欢快

【73】文中画线的句子体现了扬州小巷的什么特点？

A 怀旧

B 雅致

C 神秘

D 寂寞

【74】对扬州小巷里的卖艺人来说，真正的快乐是：

A 弹奏二胡

B 养家糊口

C 走街串巷

D 穿上马褂

【75】本文主要介绍了：

A 扬州小巷的情怀

B 扬州小巷的建筑特点

C 扬州小巷的历史变迁

D 参观扬州小巷的时间

76 ～ 80

植物在地面上的活动容易被人知晓，但其在地下的活动就不容易被发现了。出乎人们意料的是，植物在地下的活动中，还真有一些别有用心的“小动作”。如果把这些“小动作”曝光，它们肯定会“羞愧”的。

植物把根深入地下，除了干吸吮地下的养分和水分这些“本职工作”外，还从事一些“社交活动”。地下有许多细菌都想占它们的便宜，但并不会给植物带来什么好处。所以对于这种有害细菌，植物就会“大门紧闭”，拒之于千里之外。但对于那些有益的细菌，植物不但会“四门大开”，热情拥抱，还会主动前去“巴结”呢。

如豆科植物就会主动“巴结”对自己生长有益的根瘤菌。科学家发现，根瘤菌是生长在豆科植物根部的像瘤子一样的菌块，与豆科植物共生。它能够吸收并固定大气中的氮，以此给植物提供肥料，同时吸收植物中的碳水化合物作为自身的营养。但周围的细菌千千万，豆科植物又如何做到只“巴结”根瘤菌呢？科学家通过实验发现，根瘤菌含有一种名为“Nod因子”的信号分子，让豆科植物非常“着迷”。它们的根部只要遇到这种分子，马上会主动上前“巴结”，与其结为“盟友”。

在植物中，这种“非亲不认”的“怪癖”还不在少数呢。科学家在研究中发现，植物与其他不同种的植物相遇时，相互间的竞争非常激烈。就是说，当一种植物发现周围的“邻居”与它们没有共同遗传体系时，便会投入更多精力，发展壮大自己，加快促进根部生长，与“外家的”暗中争夺地下资源。这个现象对科学家来说并不新奇，但其中潜藏的问题倒是引起了科学家的好奇：这些植物是靠什么来辨认“亲戚”的呢？它们的“认亲”方式和动物们的一样吗？

我们知道，“认亲”能力对动物来说相当重要，因为这有助于它们分享宝贵资源或避免近亲交配。动物的“认亲”方式也已经被科学家破译，那就是它们把对方的气味作为“身份证”来查验，有的动物还把对方特有的声音当作标志，来判断亲疏。但植物究竟是采用什么办法来辨别亲疏呢？有科学家认为，每个植物家族特有的蛋白质或化学信号，可能被分散在周围土壤中，并被其他植物的根系发现。也就是说，植物可能有一套感知同种类植物蛋白质或化学信号的体系，如果它的根与其他植物的根系紧密地靠在一起，它就会分辨出对方是否与自己是同一种类。当然，植物的这种“认亲”方式还需要进一步确认。

【76】遇到有益的细菌时，植物会：

A 置之不理

B 拒之千里

C 非常“羞愧”

D 主动“巴结”

【77】豆科植物为什么会主动“巴结”根瘤菌？

A 豆科植物有很多“小动作”

B 豆科植物需要根瘤菌的氮气

C 根瘤菌能给豆科植物提供肥料

D 根瘤菌是豆科植物的“好朋友”

【78】科学家在研究中发现，植物与其他不同种的植物相遇时会：

A 激烈竞争

B 热情“拥抱”

C 主动“巴结”

D 共享地下资源

【79】根据本文，植物可能是根据什么来辨别亲疏的?

A 植物的气味

B 植物的外观

C 特有的蛋白质或化学信号

D 不同植物的根系发达程度

【80】本文主要介绍了：

A 植物的种种“怪癖”

B 植物如何“巴结”有益菌

C 植物在地下的“秘密活动”

D 植物和动物“认亲”的区别

三、书面表达

（16 题，45 分钟）

第 一 部 分

（15 题，10 分钟）

说明：81 ～ 90 题，在每题的语句中有一个或两个空白处，题后有 **ABCD** 四个备选答案，其中只有一个可以放入空白处使语句表达通顺。请选出唯一恰当的答案，并在答题卡的相应字母上画一横道。

81. ________我有一支神笔，我________会为盲人画上一双明亮的眼睛。
   A 无论……都……
   B 哪怕……也……
   C 倘若……就……
   D 既然……那么……

82. 容易犯错误的人，________认为自己什么都不懂，________认为自己什么都懂。
   A 是……也是……
   B 不是……而是……
   C 不是……就是……
   D 不但……而且……

83. 科学家预测，气候变暖导致冰川融化，海平面上涨速度加快。不久的将来，珠江三角洲地区的海岛将有 15% 被海水淹没，沿海城镇________________________________。
   A 也将受到被淹没侵袭的威胁
   B 也将受到令淹没侵袭的威胁
   C 也将受到把淹没侵袭的威胁
   D 也将受到由淹没侵袭的威胁

84. 一群小孩子躲在一个老奶奶家的后院里，________________________________。我们工作队路过，见状赶紧制止了他们。
   A 扔上她家的房顶把一块块小石头
   B 把她家的房顶一块块扔上小石头
   C 把她家的房顶扔上一块块小石头
   D 把一块块小石头扔上她家的房顶

85. ________________，留给人们的都是美好的事物，还有对你美好的回忆，那你的生活该是多么愉快啊！

A 要是你不管在什么时候、什么地方

B 即使你不管在什么时候、什么地方

C 无论你不管在什么时候、什么地方

D 虽然你不管在什么时候、什么地方

86. 许多人对他的离去，________________，便不再提起。

A 不但议论几句

B 不过议论几句

C 不仅议论几句

D 即使议论几句

87. 我一直望着________________从我面前摇摇摆摆地走远、消失。

A 那辆已经力不从心的邮电绿的自行车

B 力不从心的已经那辆邮电绿的自行车

C 那辆邮电绿的已经力不从心的自行车

D 已经力不从心的邮电绿的那辆自行车

88. 你说孩子应该学骑自行车了，可________________。

A 还孩子的小脚不够着脚蹬子呢

B 孩子的小脚还不够着脚蹬子呢

C 孩子的小脚还够不着脚蹬子呢

D 脚蹬子还够不着孩子的小脚呢

89. 当我们说着世界上的物种正在以空前的速度减少时，________________。

A 自己造成的污染正是最大的祸害我们有没有想过

B 我们有没有想过最大的祸害自己造成的污染正是

C 我们有没有想过自己造成的污染正是最大的祸害

D 我们有没有想过正是自己造成的污染最大的祸害

90. 河有很多“发明”，它最美妙的“发明”是倒影，________________，只要清澈，它都能把比它大无数倍的银河倒影“发明”出来。

A 尽管最小的何

B 哪怕再小的河

C 一旦最小的河

D 虽然最小的河

说明：91 ～ 95 题，在这一部分里，每题的语句中有 **ABCD** 四个带有下划线的词语，去掉其中某一个词语会使句子表达产生错误。请找出这个词语，并在答题卡的相应字母上画一横道。

91. 你不用去问了，我已经问过了，那所学校里一个认识他的人也没有。
A 去　B 过　C 的　D 人

92. 白骨精是《西游记》中唐僧师徒西天取经途中所遇到的一个妖怪，她曾先后变成年轻女子、老妇人等来哄骗唐僧师徒，但都未能逃过孙悟空的火眼金睛。
A 所　B 一个　C 成　D 但

93. 小明在课堂上偷偷玩儿掌上游戏机，老师发现后，把他叫到办公室狠狠批评了一番。他一回到教室，就忘乎所以，好像什么都没发生一样。
A 偷偷　B 掌上　C 狠狠　D 什么

94. 有一位医生朋友告诉我，婴儿身体不适或烦躁就会哭闹不止，但只要母亲一抱，很快就会安静下来，其中自有科学道理。
A 朋友　B 身体　C 不止　D 自有

95. 上了高中以后，学习越来越紧张。为了节省时间，弟弟常常骑车带我一道上学。他虽比我小两岁，但长得更高大。
A 以后　B 为了　C 一道　D 虽

MHK

模拟试题（六）

卷　Ⅱ

书面表达第二部分

（作文，35 分钟）

作 文 要 求

1. 写作前认真阅读作文提示，按提示要求在规定的时间内写完。
2. 用简体字书写。每个空格写一个字，书写要清楚工整；每个标点符号占一个或两个空格，标点符号使用要规范。
3. 作文中不得出现跟考生有关的校名、地名和真实姓名。
4. 保持卷面整洁，不得涂画损坏答卷。

作文提示：

从依稀记事到青春岁月，我们的记忆中有多少“那一刻”定格。一个瞬间，一个眼神，一个微笑，一句温暖的话语，一个拥抱，让我们感觉冬天悄然离去，阳光普照大地，心中开满了鲜花。

请以《那一刻，我的世界春暖花开》为题写一篇作文。文体自选（诗歌除外）。全文不得少于 350 字。

MHK

口试模拟题（六）

（三级）

（一）朗读

今年的“六一”儿童节恰逢周末，许多家庭选择在此期间举家出游。各地的周边游、短途游中的亲子游产品备受青睐。近几年，我国亲子游发展迎来热潮，市场需求旺盛。业界人士指出，亲子游已成为我国度假市场重要的消费趋势之一。

从孩子上幼儿园小班时起，北京某教育机构员工邬梅女士基本上每个月都会带孩子出一到两次门。“因为孩子年龄小，我们选择的一般都是周边游，两天一晚的行程，孩子不会觉得累，大人也能得到放松。”邬梅介绍，自己每次出游都会在微信朋友圈里发照片和旅行心得。几年下来，她身边聚集了一小群粉丝，时常有人向她请教旅行攻略。“我们还建了一个微信群，以‘80后’‘90后’的爸爸妈妈为主，用来交流育儿、旅游经验，还可以相约一同出游。”邬梅说，通过亲子游，孩子不仅能亲近自然，还能结交新朋友，“亲子游已经成了我们家庭社交的重要途径。”

一项调研显示，96%的受访者表示愿意参与亲子游。亲子游已成为家庭消费中的刚需。

（二）回答问题

问题1：邬梅女士为什么一般选择周边游？

问题2：你有没有和父母一起旅游的经历？请你谈谈亲子游的好处。

MHK

（三级）答题卡

白 色 检 测 区 ， 请 勿 污 染 ！

姓　　名：____________________

性　　别：男▭　女▭　试卷号码：________

考 场 号：________　座 位 号：________

考 生 号：____________________

填涂说明

1. 答题前，考生先将自己的姓名等项填写清楚。
2. 选择题必须使用2B铅笔填涂，作文必须使用黑色或蓝色签字笔书写，应字体工整、笔迹清楚。
3. 保持卷面整洁，不要折叠、弄破，不准使用涂改液、刮纸刀。
4. 填涂示例：正确填涂 ▬
   错误填涂 [A][B][C][D]

贴条形码区

姓名

考场号

A ▬

选 择 题

1[A][B][C][D]	21[A][B][C][D]	41[A][B][C][D]	61[A][B][C][D]	81[A][B][C][D]
2[A][B][C][D]	22[A][B][C][D]	42[A][B][C][D]	62[A][B][C][D]	82[A][B][C][D]
3[A][B][C][D]	23[A][B][C][D]	43[A][B][C][D]	63[A][B][C][D]	83[A][B][C][D]
4[A][B][C][D]	24[A][B][C][D]	44[A][B][C][D]	64[A][B][C][D]	84[A][B][C][D]
5[A][B][C][D]	25[A][B][C][D]	45[A][B][C][D]	65[A][B][C][D]	85[A][B][C][D]
6[A][B][C][D]	26[A][B][C][D]	46[A][B][C][D]	66[A][B][C][D]	86[A][B][C][D]
7[A][B][C][D]	27[A][B][C][D]	47[A][B][C][D]	67[A][B][C][D]	87[A][B][C][D]
8[A][B][C][D]	28[A][B][C][D]	48[A][B][C][D]	68[A][B][C][D]	88[A][B][C][D]
9[A][B][C][D]	29[A][B][C][D]	49[A][B][C][D]	69[A][B][C][D]	89[A][B][C][D]
10[A][B][C][D]	30[A][B][C][D]	50[A][B][C][D]	70[A][B][C][D]	90[A][B][C][D]
11[A][B][C][D]	31[A][B][C][D]	51[A][B][C][D]	71[A][B][C][D]	91[A][B][C][D]
12[A][B][C][D]	32[A][B][C][D]	52[A][B][C][D]	72[A][B][C][D]	92[A][B][C][D]
13[A][B][C][D]	33[A][B][C][D]	53[A][B][C][D]	73[A][B][C][D]	93[A][B][C][D]
14[A][B][C][D]	34[A][B][C][D]	54[A][B][C][D]	74[A][B][C][D]	94[A][B][C][D]
15[A][B][C][D]	35[A][B][C][D]	55[A][B][C][D]	75[A][B][C][D]	95[A][B][C][D]
16[A][B][C][D]	36[A][B][C][D]	56[A][B][C][D]	76[A][B][C][D]	
17[A][B][C][D]	37[A][B][C][D]	57[A][B][C][D]	77[A][B][C][D]	
18[A][B][C][D]	38[A][B][C][D]	58[A][B][C][D]	78[A][B][C][D]	
19[A][B][C][D]	39[A][B][C][D]	59[A][B][C][D]	79[A][B][C][D]	
20[A][B][C][D]	40[A][B][C][D]	60[A][B][C][D]	80[A][B][C][D]	

书面表达（作文）

（35分钟）

作 文 要 求

1. 写作前认真阅读作文提示，按提示要求在规定的时间内写完。
2. 用简体字书写。每个空格写一个字，书写要清楚工整；每个标点符号占一个或两个空格，标点符号使用要规范。
3. 作文中不得出现跟考生有关的校名、地名和真实姓名。
4. 保持卷面整洁，不得涂画损坏答卷。

翻开此页到背面答题

注意作文格式及字数要求 ⇨

白色检测区，请勿污染！

100字

200字

300字

400字

500字

600字

模拟试题（一）

听力理解录音材料及答案

第 一 部 分

1. 女：通过这次培训我才知道，王刚的知识面太广了，地理、历史、天文他样样精通。
   男：你才知道啊，他在我们单位是出了名的“百科全书”。
   问：男的是什么意思？

2. 男：你一天到晚都在忙些什么？你看房子里乱得一塌糊涂，还像个家吗？
   女：我一天到晚忙的事情还少吗？我也有自己的事业，你为什么不能收拾收拾呢？
   问：说话人最可能是什么关系？

3. 女：这次采访可真够辛苦的，5 天跑了 5 个城市，大部分时间都在路上。
   男：我其实挺羡慕你的，能四处走走。
   问：女的可能是做什么工作的？

4. 女：这演的是什么节目啊，唱歌跑调，舞蹈动作也不专业。简直是浪费时间，还不如睡觉呢！
   男：可不是嘛，娱乐节目也得对观众负责呀！
   问：他们可能在干什么？

5. 男：果然不出我所料，这次模拟考试我又得了第一名。你现在没话说了吧？
   女：这次考试难度并不大，同学们的差距也很小。哼，我就不信你能永远得第一。
   问：女的是什么态度？

6. 男：不好意思，让您久等了。请问您要打印几份？单面还是双面？
   女：单面太浪费纸了，还是双面的吧，要 5 份。麻烦您快一点儿，我开会着急用。
   问：对话最可能发生在哪里？

7. 女：大家好不容易一起过个周末，你看做点儿什么菜吃？吃鱼还是吃鸭？
男：你工作一天那么累，就别那么麻烦了。你做什么大家就吃什么吧。
问：男的是什么意思？

8. 女：李大爷，您起得可真早啊！您天天都这样坚持锻炼，我特别佩服您的毅力。
男：我都习惯了，每天打打太极拳就觉得浑身舒服。生命在于运动嘛！
问：他们在谈论什么话题？

9. 女：北京去年冬天冷不冷？
男：北京历史上没有比去年更冷的时候了。
问：男的是什么意思？

10. 男：你看的这种药是药店新进的，很多患者都反映它的疗效非常好。
女：可这药的包装上面连个有效期都没有，再说里面的说明书我也看不懂，我怎么服用呢？
问：女的可能是什么身份？

11. 男：时间过得真快，又要上班了。哎，小兰，你今年除夕是在哪儿过的呀？
女：我本来想回我爸妈那里过年的，但是运气不好，没买上车票，所以就只好在公婆家过了。
问：女的今年是在哪儿过的除夕？

12. 男：您瞧，我的也快输完了，您把针头给我拔了吧。
女：好的，请稍等一会儿。我把这些输液瓶放下就来。
问：女的是从事什么职业的？

13. 女：春节快到了，听说这两天商场都在打折，你明天陪我去看看怎么样？
男：你怎么这么喜欢买衣服？你的衣柜都快放不下了。
问：男的是什么态度？

14. 女：这几天没见你来上过晚自习，眼看就要毕业考试了，你还不赶紧复习？
男：还有一个月呢，慌什么呀！
问：男的是什么意思？

15. 男：我去办事了。现在街上车多人多，你可要慢点儿开。
女：我知道了，安全第一。我的驾驶技术你不用担心。你过马路也要小心啊。
问：根据对话，下列哪一项正确？

第二部分

16～18题是根据下面一段对话：

男：好久没碰见你了，你儿子现在学习怎么样？

女：不怎么样。最近他上课总是玩儿手机，成绩都下降了。老师已经跟我说了好几次了。

男：你一向不是管教得很严吗？孩子也那么聪明，这是怎么回事呢？

女：光严有什么用？我说的话他是左耳朵进，右耳朵出。现在的孩子啊，越大越不好管了。

男：是啊，做家长可不是件容易的事，孩子的教育真是一门大学问。

女：可不是嘛！孩子从小一定要养成良好的习惯，我认为这才是最重要的。

男：你说得非常对。但是现在大多数家庭都是一个孩子，做到这一点很难。

女：是啊！哎呀，光顾着说话了，我都到站了，我先下了。再见。

男：再见，以后见面再聊。

16. 问：女的的儿子成绩为什么下降了？

17. 问：女的认为孩子的教育什么最重要？

18. 问：对话最可能发生在哪里？

19～21题是根据下面一段对话：

男：晓玲，上次的事情真是不好意思，我没有及时给你一个解释，还请你多多包涵。

女：事情都已经过去这么长时间了，还提它干什么呢？

男：你为人这么宽容，这让我心里更过意不去了。该怎么弥补我的过失呢？

女：可别这么说，咱们都是多年的老朋友了，你这么说就见外了。

男：这样吧，今天晚上你有时间的话，我们一起吃顿饭，好吗？

女：你们单位工作那么忙，你别跟我客气了。

男：不是客气，咱们好好儿聊聊，这样我心里或许会好受些。

女：那好吧，恭敬不如从命。咱们去哪儿好呢？

男：7点钟在民主路的翠云阁，怎么样？那里离你单位也近。

女：你想得太周到了，当然没问题。

男：不见不散。

女：好的，晚上见。

19. 问：男的和女的最可能是什么关系？

20. 问：女的说话的态度怎么样？

21. 问：男的为什么要请女的吃饭？

22～24题是根据下面一段对话：

男：下午好。请问，您想培养孩子哪方面的兴趣？

女：我打算先让孩子尝试一两种课程，看他真正喜欢什么，然后再重点培养他的兴趣。你先给我介绍一下课型和收费情况吧。

男：好的。我们这里有书法、国画、舞蹈、钢琴等艺术类课程。授课老师大多是各个艺术学院毕业的研究生。收费根据级别有所不同，初级班一般每学时 100 元左右。

女：舞蹈班最短能报多长时间的？

男：舞蹈尝试班至少需要学习一个月，因为舞蹈动作需要先练习一些基本功才能入门。现在这个尝试班有活动，可以给您 8 折优惠。

女：那有哪些上课时间可以选择呢？

男：您可以选择每周六上午 10 点或每周日下午 4 点上课。

女：好吧，我先报这个让他试试。

22. 问：对话可能发生在哪里？

23. 问：女的想要干什么？

24. 问：根据对话，下列哪一项正确？

25 ～ 28 题是根据下面一段话：

唐光明是宜昌市中心医院重症医学科的护士。腊月二十九，他和另外两名同事一起来到武汉市金银潭医院支援新冠肺炎患者救治工作，至今已经 40 多天了。自从来到这里，除了日常的护理工作，转运患者、帮病人翻身这些体力活儿，他也总会抢着去做。

这段时间，唐光明还总结出一整套针对重症患者的康复训练方法。杨昊是唐光明护理时间最长的一位病人。1 月 29 日刚入院时，杨昊既不能说话，也不能动。唐光明一边细心护理，一边教他呼吸训练方法，增强他的肺部功能。

截至目前，唐光明已先后带领三个不同的护理小组参加了十多场重大抢救。看到一批批危重患者转危为安，唐光明说，光明就在前方，他要坚持到最后一个病人出院。

25. 问：唐光明是从事什么职业的？

26. 问：唐光明的康复方法是针对哪类患者的？

27. 问：关于唐光明，我们知道什么？

28. 问：下列哪一项最适合做这段话的标题？

29 ～ 32 题是根据下面一段话：

中科院院士、华南农业大学前校长卢永根，将毕生积蓄 880 多万元无偿捐献给华南农业大学。学校用这笔捐款设立了教育基金，用于补助贫困学生与奖励优秀青年教师。

因患重病，87 岁的卢永根教授自觉时日无多，与夫人徐雪宾商量后，决定捐出家里所有积蓄。3 月的一天，卢教授在夫人搀扶下来到银行，将十多个存折的存款转入华南农业大学的账户。因每笔转账都需输密码并签名，这一过程前后足足花了一个半小时。

了解卢永根教授的人都知道，卢教授家里的摆设还停留在 20 世纪 80 年代：破旧的木沙发、老式电视、锈迹斑斑的铁架子床，挂帐子用的竹竿一头绑着绳子，一头用钉子固定在墙上；几把还在使用的椅子，用铁丝绑了又绑。去过他家的人都会有一种印象：家徒四壁。但就是这样一个人，为教育事业做出了重大的贡献。可以说，他为科研奉献了一切。

29. 问：学校怎么使用卢永根教授的捐款？

30. 问：卢永根教授给大学转账用了多长时间？

31. 问：卢永根教授的家里怎么样？

32. 问：根据这段话，卢永根教授是个怎样的人？

33 ～ 36 题是根据下面一段话：

中国信息产业发展中心开展了一项调查，1081 名女性受访者中有 50% 的人认为，无人驾驶技术在她们驾驶过程中可以帮助解决一些问题，如避免追尾。有 59% 的人直言，她们相信无人驾驶技术将是未来的趋势。

中国信息产业发展中心副主编梁媛表示，女性是汽车市场的新动力。她说："我们发现女性也有特殊需要，未来她们将对安全驾驶和舒心驾驶产生更强的需求。"这份研究报告指出，超过 90% 的女性司机每天的驾驶时间不到两小时，70% 以上的人主要在城市街道和城际高速上驾驶，而 80% 以上的司机驾驶速度处于每小时 31 公里到 90 公里之间。该研究还显示，由于大部分女性司机通常都在拥挤路段行驶，因此，她们会更倾向于使用自动驾驶汽车。

英特尔无人驾驶事业部中国区市场总监徐伟杰表示，汽车行业要深入挖掘这一类汽车中的计算机功能，并将 5G 技术应用到自动驾驶中。徐伟杰说："关键不仅在于技术创新，还要健全相关法规和政策，构建一个完善的生态系统。"他还表示，到 2025 年，汽车企业将有能力大批量生产自动驾驶汽车。

33. 问：为什么女性更倾向于自动驾驶？

34. 问：根据这段话，下列哪一项正确？

35. 问：如何理解"一个完善的生态系统"？

36. 问：这段话主要为了说明什么问题？

37 ～ 40 题是根据下面一段话：

现代生活中，人们无时无刻不感受到紧张的时代气息。精神紧张程度一般分为弱、适度、强三种。生活经验告诉我们，紧张不一定都是坏事。积极进取需要健全、饱满的情绪和适度的紧张感。适度的紧张情绪能使大脑更兴奋，提高大脑的活跃度，使人思维迅速，反应敏捷。

医学家们提出，当一个人保持紧张的工作和生活节奏时，心脏往往要通过加强收缩排出更多的血液，来供给全身各器官组织。血管的舒缩功能在这一过程中得到改善，从而有利于心血管的健康，避免或减少心血管病的发生。

研究人体健康与长寿的专家们还认为，适度紧张是一种经常性的健身运动。这是因为人们在生活或工作紧张时，手往往动得勤一些，腿跑得快一些，身体各部位的肌肉活动增多，而这些活动本身可以使肌肉更发达，体力更强，使各关节的功能活动保持良好的状态，从而对健康起到一定的促进作用。

心理学家通过对数百名大公司经理进行观察、分析发现，处于适度紧张状态下的经理，其生病和生重病的概率比工作轻松的同事要低得多。一位心理学博士曾做过一项研究，发现适度忙碌而紧张的人，寿命通常要比普通人高出 29%。

看来，我们最好以紧张为乐。因为，人若善于对待生活中的干扰和紧张，它便不是健康的威胁，而恰恰是健康的促进剂。

37. 问：根据这段话，精神紧张程度不包括下列哪一种？

38. 问：为什么适度紧张是一种经常性的健身运动？

39. 问：根据这段话，下列哪种说法正确？

40. 问：根据这段话，说话人对紧张持什么态度？

听力理解考试到此结束。

答案（一）

一、听力理解

1. C	2. A	3. B	4. D	5. D	6. B	7. C	8. C	9. C	10. B
11. C	12. B	13. B	14. D	15. C	16. C	17. D	18. D	19. C	20. D
21. A	22. D	23. C	24. D	25. B	26. A	27. D	28. C	29. D	30. D
31. C	32. D	33. D	34. B	35. D	36. C	37. C	38. D	39. D	40. C

二、阅读理解

41. B	42. D	43. B	44. A	45. A	46. C	47. B	48. B	49. C	50. A
51. B	52. A	53. D	54. C	55. D	56. D	57. D	58. B	59. B	60. A
61. D	62. D	63. B	64. C	65. D	66. D	67. A	68. C	69. B	70. D
71. D	72. C	73. C	74. B	75. C	76. C	77. B	78. A	79. C	80. D

三、书面表达

81. D	82. D	83. A	84. A	85. C	86. D	87. A	88. D	89. B	90. B
91. C	92. B	93. B	94. C	95. C					

四、口语表达

二、回答问题

问题 1：因为老人无儿无女，又体弱多病，所以他打算卖掉自己的住宅去养老院。

问题 2:（仅供参考）

我喜欢的体育项目是乒乓球。别看乒乓球小，它可是我们中国人的骄傲。在奥运会比赛中，我们国家的乒乓球项目赢得了很多奖牌和荣誉。

乒乓球运动对场地要求不高，普通人都有机会学习。乒乓球比赛分为男女单打、双打和混双三种模式。一局比赛的分数是 11 分，打赢对手一个球即得一分，实行五局三胜或七局四胜制。乒乓球比赛有自己的规则：发球为两球换发制，当比分达到 10 : 10 时，采用一球换发制，直至拉开两分的差距决出胜负；发球时，乒乓球出手即有效；发球时不得遮挡，并将球抛起；乒乓球应先接触发球方桌面，后接触接发球方桌面，未接触桌面者为死球，接发球方得一分。

乒乓球运动对健康有很多益处，不仅可以增强体力和耐力，还能训练人的反应速度和视力，是一项非常好的健身运动。

模拟试题（二）

听力理解录音材料及答案

第一部分

1. 女：昨天下了一天一夜的雪。
　男：是啊，今天的路都结冰了吧？我都不敢开车上班了。
　问：男的是什么意思？

2. 男：小燕，小燕，等等我，我想跟你解释一下。
　女：事情都已经发生了，你现在说什么都晚了。
　问：女的是什么意思？

3. 男：嚯，今天理发店里怎么这么多人啊？
　女：今天不是二月二龙抬头吗？当然人多了。
　问：理发店今天为什么人多？

4. 男：王玲，平时全班数你最用功，这次英语考试你准能拿第一。
　女：别，我自己都不敢说这种大话呢。
　问：女的是什么态度？

5. 男：你经常去电影院看电影吗？
　女：我家虽然在电影院附近，但我只是偶尔去。我通常都是在家里用电视点播的形式看。
　问：女的是什么意思？

6. 男：闺女，我带个小孩儿爬上铺有点儿困难，能不能跟你换一下？我给你补差价。
　女：大叔，没问题，你们俩就睡下面吧。
　问：对话最可能发生在哪里？

7. 男：今天早上又起晚了吗？
女：是啊，差一点儿就迟到了，我最担心的就是被老师批评。
问：关于女的，我们知道什么？

8. 男：孩子现在发烧了，爱人又加班，我晚上还要值班，这可怎么办啊？
女：别急，你赶紧带孩子去看病，反正晚上我也没事，我替你值班。
问：女的晚上可能会干什么？

9. 男：我看你还是少吃点儿巧克力吧，你都胖成什么样了！
女：前一阵我没吃体重也没下降，所以今天先过过嘴瘾再说。
问：女的为什么吃巧克力？

10. 男：你暑假都去哪些地方旅游了？
女：我本打算先去上海、杭州和南京，再去游览黄山和庐山，最后去桂林，结果因为没买上火车票，除了上海和杭州，哪儿都没去成。
问：女的暑假去哪些地方旅游了？

11. 女：你家孩子聪明是聪明，就是性格内向，上课不爱回答问题。
男：我们平时上班忙，都顾不上他，以后我们会多陪陪他，多和他谈谈心。也希望您多引导引导他。让您费心了。
问：女的最可能是孩子的什么人？

12. 男：你现在在哪儿呢？家里来客人了，我们还等着你回来给大家伙儿好好露一手呢。
女：今天恐怕不行，我正要打电话跟你说呢，我今晚不回去吃饭了，一个同学从北京过来了，我们要聚一下。
问：男的是什么意思？

13. 女：又给你添麻烦了，真不好意思。
男：哪儿的话！俗话说，远亲不如近邻嘛。以后有事尽管说，别客气。
问：说话人最可能是什么关系？

14. 女：太可惜了，张明和他的女朋友还是因天各一方分手了。
男：真是的！我要是张明，不管三七二十一，请个假就过去了。
问：男的对张明的做法持什么态度？

15. 女：小王，怎么昨天聚餐都没见到你的人影啊？
男：嗐，忙啊。昨天一上班就开会，开完会又让我尽快写出项目策划方案，一直忙到晚上十点才结束。
问：女的昨天为什么没有见到男的？

第 二 部 分

16 ～ 18 题是根据下面一段对话：

男：青青，快来，晚会开始了。

女：来啦，来啦，好漂亮的舞台呀！

男：是啊，到处都是红红火火的，很有年味儿。

女：我喜欢舞台上红红的中国结和灯笼，尤其是活泼可爱的生肖图。

男：不知道今晚有些什么节目。

女：你放心，一定会很棒的。春晚的节目都是全国海选，中间还要经过好几次审查，临近春节前一个月才最终确定下来的，肯定很有特色。

男：那还用说，现在春晚已经成了中国人过年不可缺少的文化大餐了，已经成了我们的春节习俗了。

女：可不是嘛。

16. 问：女的尤其喜欢舞台上的什么？

17. 问：春晚的节目什么时候最终确定？

18. 问：女的对春晚成为春节习俗持什么态度？

19 ～ 21 题是根据下面一段对话：

男：欢迎光临，全场打七折。

女：都已经立春了，这羽绒衣还能穿吗？买回去就压箱底了。

男：衣服就是过季买才划算，看上了哪件试试看，那边是试衣间。

女：这件羽绒服无论是款式还是面料，我都很喜欢，穿着也挺合身，颜色也很衬我的肤色，只是价钱……

男：一分价钱一分货。平时我家衣服都没有折扣。

女：那有没有买赠活动？

男：今天是女同胞的节日，买 400 送 200，会员可以享受 5 倍积分。

女：那你给我开票吧。

男：好的，稍等。

19. 问：女的为什么春天还买羽绒服？

20. 问：女的对喜欢的衣服哪方面不满意？

21. 问：商场今天为什么搞买赠活动？

22 ～ 24 题是根据下面一段对话：

男：咦，这段时间你怎么不去逛街了？一天到晚窝在家里看手机。

女：现在谁还逛街呀？都在网上购物了。我正在网上选东西呢，又便宜又方便。

男：你还别说，有些东西网上的价格确实比商场的便宜。

女：当然了。跟商场相比，网店既不用付店面租金，也不用雇店员，还没有储存、保管等一系列费用，价格肯定要便宜多了。

男：对，在网上购物，订货、买货只需要动动手指就可以完成，还能送货上门，又省时又省力。不过，付款安全吗？

女：这是很多人头疼的问题。网上支付存在很多隐患，最严重的就是银行卡密码被盗。所以在网购时一定要选择大的购物网站，不要选择不知名的，也不要随便点开一些链接。

男：网络世界毕竟是虚拟的，有时候再小心也容易上当受骗。不仅仅是密码被盗，如果实物和照片差距过大，你同样也会有上当的感觉。所以啊，还是不如在商场买放心。

女：你呀，太小心谨慎了。这种情况现在越来越少了。不和你说了，我还要看东西呢。

22. 问：下列哪一项不是网上商店的优势？

23. 问：网上购物让人头疼的一大问题是什么？

24. 问：网上购物为什么容易上当？

25 ～ 27 题是根据下面一段话：

大笑 1 分钟就相当于做了 45 分钟运动，可令你容光焕发。开怀大笑一向被视为一种可以强身健体的良方妙药，而最近科学家还发现，大笑是保持身材苗条的最佳方法。

有关研究人员表示，大笑时身体会有 80 组肌肉抽动，这是一种非常健康和有益的运动。从医学角度看，一个人大笑时可能会引起肩膀耸动、胸膛摇摆和横膈膜震荡，甚至会令人抽搐和血压上升。血液含氧量在呼吸加速时增加，而更重要的是，大脑会释放出一种化学物质，令人感到心旷神怡，这绝对是最佳的自然药物。大笑过后，血压会回降，令人紧张的荷尔蒙的分泌会减少，免疫系统也会增强。

研究显示，儿童平均每天会笑约 400 次，而成人则平均每天笑 15 次。由于大笑被公认为对身体有益，兼有医疗效果，因此大笑热潮在一些国家迅速发展，一些“大笑会所”纷纷设立，热潮甚至盖过健康舞。

25. 问：大笑 1 分钟的效果与多少分钟的运动量一样？

26. 问：大笑过后，什么样的荷尔蒙会减少？

27. 问：下列哪一项不是大笑引起的？

28 ～ 30 题是根据下面一段话：

西红柿，学名番茄，原产于中美洲和南美洲，现在作为食用蔬菜在全世界范围内被广泛种植。它不但营养丰富，而且很漂亮，既是蔬菜，也是水果。

西红柿有多种功用，被称为“菜中之果”。它 94% 左右是水分，和西瓜差不多。然而，西红柿中维生素 C 的含量比西瓜高得多，每 100 克西红柿中的维生素 C 含量大约相当于西瓜的 10 倍。不仅是维生素 C，西红柿中各种维生素的含量比苹果、梨、香蕉、葡萄等高 2 ～ 4 倍。此外，西红柿还具有保健功能和防治多种疾病的药用价值，如健胃消食、生津止渴、清热解毒、降脂降压、防病抗癌、延缓衰老等。

28. 问：下列哪一项被称为“菜中之果”？

29. 问：西红柿中维生素 C 的含量相当于哪种水果的 10 倍？

30. 问：根据这段话，下列哪一项不是西红柿的药用价值？

31 ～ 33 题是根据下面一段话：

一个初春的深夜，一对年迈的夫妻走进一家旅馆。此时的旅馆已经住满了。

前台服务人员不忍心深夜让这对老人再去找旅馆，就将他们带到一个房间。“也许它不是最好的，但至少你们不用再奔波了。”服务人员说道。

老人看到整洁干净的屋子，便愉快地住了下来。

第二天，当他们要结账离开时，那位前台人员却说：“不用了，因为你们住的是我的房间。祝你们旅途愉快。”

原来，他自己在前台过了一个通宵。老人十分感动，说：“孩子，你是我见过的最好的旅店经营人。你会得到报答的。”他笑了笑，送老人出门，转身就忘了这件事。

一天，他突然收到一封信，里面有一张去纽约的单程机票，他按信中所示来到一座金碧辉煌的大楼。原来，那天深夜他接待的是一位亿万富翁和他的妻子。富翁为这个热心的小伙子买下了一个大酒店，并深信他会经营好这个大酒店。

这就是著名的希尔顿饭店和它的首任经理的传奇故事。

31. 问：前台服务人员让年迈的夫妻住在了哪里？

32. 问：夫妻俩是如何报答那个小伙子的？

33. 问：希尔顿饭店的首任经理是谁？

34 ～ 36 题是根据下面一段话：

2019 年底，一场突如其来的新冠疫情，以武汉为中心点迅速席卷全国，瞬间改变了人们的生活。这场疫情中涌现出许多令人尊敬的英雄。

他是院长，也是病患，他叫张定宇。作为收治患者最多的武汉金银潭医院的一院之长，他另一个身份是一名渐冻症患者。行动不便的他已在抗疫一线坚持了 30 余天。他每天要接上千个电话来处理无数突发事件，然而却无暇顾及感染新冠病毒的妻子，始终坚守在抗击疫情战线最前沿。他说：“我很内疚，我也许是个好医生，但不是个好丈夫。我们结婚 28 年了，我也害怕，怕她身体扛不过去，怕失去她。”别人眼里风风火火的铁血男儿，也害怕失去自己的挚爱，讲到这里，张定宇流出了眼泪。一天睡眠不到两个小时的张定宇，正在和病魔争夺时间。“我必须跑得更快，才能跑赢时间，把重要的事情做完；我必须跑得更快，才能从病毒手里抢回更多的病人。”“以后我会被固定在轮椅上，现在我为什么不多做一点儿？”

34. 问：关于张定宇，下列哪种说法正确？

35. 问：张定宇为什么会流泪？

36. 问：张定宇为什么说他现在要多做一点儿工作？

37 ～ 40 题是根据下面一段话：

从前，有两个饥饿的人得到了一位长者的恩赐：一根鱼竿和一篓鲜活硕大的鱼。其中一个人要了那篓鱼，另一个人要了那根鱼竿，然后他们分道扬镳了。得到鱼的人就在原地用干柴搭起篝火煮起了鱼，他狼吞虎咽，还没有品出鲜鱼的肉香，转眼间，连鱼带汤就吃了个精光。不久，他便饿死在空空的鱼篓旁。另一个人则提着鱼竿继续忍饥挨饿，一步步艰难地向海边走去，可当他已经看到不远处那片蔚蓝色的海洋时，他最后一点儿力气也用完了，他只能眼巴巴地带着无尽的遗憾撒手人间。

还有两个饥饿的人同样得到了长者恩赐的一根鱼竿和一篓鱼。只是他们并没有各奔东西，而是商定共同去找寻大海。饥饿时他俩每次只煮一条鱼共同分享。经过长途跋涉，他们来到了海边。从此，两人过上了捕鱼为生的日子。几年后，他们盖起了房子，有了各自的家庭、子女，有了自己建造的渔船，过上了幸福安康的生活。

一个人如果只顾眼前的利益，得到的终将是短暂的欢愉；一个人目标高远，但也要面对现实的生活。只有把理想和现实有机结合起来，才有可能成为一个成功的人。有时候，一个简单的道理，却足以给人意味深长的生命启示。

37. 问：两对饥饿的人从长者那里得到的是什么恩赐？

38. 问：第一对饥饿的人最后怎么样了？

39. 问：第二对饥饿的人得到长者的恩赐后是怎么做的？

40. 问：第二对饥饿的人后来是怎么过日子的？

听力理解考试到此结束。

答案（二）

一、听力理解

1. D	2. B	3. D	4. D	5. D	6. C	7. B	8. D	9. C	10. A
11. C	12. B	13. D	14. A	15. D	16. D	17. D	18. A	19. A	20. D
21. B	22. C	23. A	24. D	25. B	26. B	27. B	28. D	29. C	30. D
31. D	32. D	33. D	34. C	35. D	36. D	37. D	38. A	39. D	40. A

二、阅读理解

41. D	42. D	43. A	44. A	45. D	46. C	47. B	48. A	49. D	50. B
51. A	52. D	53. B	54. C	55. D	56. D	57. D	58. A	59. A	60. B
61. A	62. B	63. D	64. D	65. C	66. B	67. D	68. C	69. A	70. D
71. D	72. C	73. C	74. B	75. B	76. B	77. D	78. D	79. D	80. D

三、书面表达

81. D	82. D	83. A	84. B	85. A	86. D	87. D	88. D	89. B	90. D
91. B	92. D	93. C	94. C	95. C					

四、口语表达

二、回答问题

问题 1：

因为小男孩儿每天早上很难起床，即使妈妈发脾气，他也没有丝毫改变。

问题 2：（仅供参考）

随着我们生活节奏的加快和科学技术的日新月异，电子阅读逐渐成为一种流行的阅读方式。但电子阅读和纸质阅读这两种不同的阅读方式各有利弊。电子书的优点在于方便快捷，能随时随地阅读。它的载体通常小巧玲珑，而且更环保、更节约。它的内容更为丰富，许多无法在纸质书上看到的内容，却可以在网上轻而易举地找到。从阅读人群方面来说，电子阅读更适合工作时间紧凑的年轻人。

就我个人而言，我比较倾向于阅读纸质书。虽然有时候我也会在网络上查看一些书籍，但那仅限于去了解书的内容而已。如果我认为这本书值得一读的话，我肯定会去买它的纸质版。因为我觉得纸质书可以让人沉静下来，会令人浸入其中，细细品味书中的内容。而且，还有一种东西是电子书永远都无法替代的，那就是当把一本新书拿在手里的时候，我们可以闻到一种熟悉的油墨香气。这是一种非常熟悉的气味，是我们上学后每个学期拿到的课本的气味。在我的数十载人生中，这种记忆最为深刻，无法释怀。所以，虽然偶尔我也会看电子书，但是这种阅读仅仅是我获取信息的一种手段，它很难成为一种享受。

因此，我认为要想让阅读为肉体和精神带来双重的愉悦，最好是手捧一本纸质书，一页一页地从头翻阅。

模拟试题（三）

听力理解录音材料及答案

第 一 部 分

1. 男：微信的功能真是越来越强大了，不仅可以发语音、图片和传文件，还可以发红包呢。
   女：谁说不是呢。我现在买东西、吃饭一般都用微信买单。
   问：女的经常用微信做什么？

2. 女：过年的时候，咱们给爸妈买点儿什么带回去呢？要不你问问爸妈需要什么吧。
   男：不用问，你看着买吧，他们二老最信任你这儿媳妇了。
   问：说话人最可能是什么关系？

3. 男：我今天在图书馆泡了一天，累得不行，但是感觉没什么效果。
   女：你总是在考试前临阵磨枪，平时多下点儿功夫不比这样强？
   问：根据对话，我们知道什么？

4. 女：小张这几天怎么了？一直闷闷不乐的，问他也不说。
   男：工作上出了点儿小漏洞，挨领导批评了呗。
   问：小张发生了什么事？

5. 女：李明，走，一起去换换口味吧，校门口有川菜馆、饺子馆和拌面馆。
   男：还是算了吧，我在食堂吃一碗牛肉面将就一顿得了。
   问：男的打算吃什么？

6. 女：你这孩子怎么这么贪睡啊？看看都几点了？快起来吃饭，要迟到了。
   男：人家昨天晚上复习到一点才睡的，你再让我睡一会儿嘛。
   问：说话人最可能是什么关系？

7. 男：听说张强又中奖了，他可真是有福气，这简直就是天上掉馅儿饼啊。
女：那有啥呀，他为了中奖可没少花钱，跟着了魔似的。
问：女的对张强中奖是什么态度？

8. 男：我今天又要加班，孩子还得放在你家一天。又要给你添麻烦了。
女：都是邻居，不用见外。
问：女的是什么意思？

9. 女：我这电脑一大堆毛病，小张一来没花多少工夫就把电脑修好了，他真有两下子。
男：当然了，人家是科班毕业的。
问：小张可能是学什么专业的？

10. 男：老板，我想照一张二寸彩色照片，有急用，今天能取吗？
女：可以，不过要收加急费。
问：对话最可能发生在哪里？

11. 女：明天是七夕，这可是中国的情人节。你打算跟夫人怎么过？
男：我正发愁呢。去旅游吧，时间太短；给她买衣服吧，我的眼光不行；买花又觉得太俗。你给我出出主意吧。
问：说话人在谈论什么？

12. 女：还有多半年就要毕业了，我想直接找工作，你有什么打算？
男：现在找工作太难了，我想再继续深造，考个研试试。
问：男的想做什么？

13. 男：下一个就该我上场了，真有点儿紧张。我再看看稿子，免得上台忘了词。
女：这可不像你，再说了，你又不是第一次参加比赛。别担心，我看好你。
问：女的在做什么 ？

14. 女：看你跑得满头大汗的，你这是要去干什么呀？
男：我去听李教授的讲座，去晚了就没有座位了。
问：根据对话，下面哪一项正确？

15. 女：你怎么气喘吁吁的？脸都发白了，是不是出什么事了？
男：咱爸的老毛病又犯了，快叫救护车。
问：根据对话，我们知道什么？

第 二 部 分

16 ～ 18 题是根据下面一段对话：

男：妈妈，我们今天下午不上课，我现在和同学一起做作业呢。

女：很好，快期末了，要更加用功才对。

男：妈妈，有件事想跟您商量一下。

女：什么事？

男：做完作业后，我的几个同学都要去广场放风筝，他们叫我一起去。

女：这都快要考试了，你们应该抓紧时间复习，考完试再去吧。

男：妈妈，劳逸结合才能提高学习效率嘛。再说了，我都复习好几天了，就让我放松一下吧。

女：你平时学习是很用功，不过，期末考试是检验你学习效果的时候，你不能掉以轻心。

男：妈妈，您就心疼心疼我嘛。

女：现在对你严格要求是为了你的将来，你也应该理解理解妈妈。

16. 问：说话时，儿子最可能在哪里？

17. 问：儿子给妈妈打电话主要想说什么？

18. 问：儿子为什么说妈妈不心疼他？

19 ～ 21 题是根据下面一段对话：

男：真发愁。这次口语考试又没及格，开学还要补考。

女：不会吧？你平时表达很流利啊，是不是考试的时候太紧张了？

男：一般表达还可以，遇到难一些的词语、成语之类的就表达不准确了。虽然心里知道，但是说不出来。

女：那你的确应该多练习，把基础打好，多积累一些成语、俗语。

男：你的口语表达真好，每次口语训练课上老师都表扬你。全班同学可佩服你了。

女：过奖了，我哪有那么好。语音语调方面的问题还很多，特别是声调，经常把不准。

男：那也比我强多了。我的口语不行，平时不知道怎么练习才能提高，你可得帮助帮助我啊。

女：不敢当，我尽力吧。你按照老师要求的去做，课后多说多练很重要。

男：哦，我平时不怎么说，我怕说错了让同学们笑话。

女：你想多了。大家水平都差不多，谁都不会笑话你的。

19. 问：男的在口语方面有什么问题？

20. 问：女的在口语表达方面最大的问题是什么？

21. 问：女的认为男的应该怎样做？

22 ～ 25 题是根据下面一段对话：

女：上次全市消防安全检查验收，你们名列全市第二名，真是不错！

男：我们也很自豪。

女：你们平时在消防安全上一定抓得很紧吧？

男：是的。公司对每一期新保安队员培训要求都非常严格，考试合格后才能上岗。

女：你们的培训内容主要有哪些呢？

男：消防安全知识，消防基本功，一般火灾扑救的实战训练，各类灭火器的维修、保养和使用方法。

女：保安人员下队以后你们还有要求吗？

男：简单说就是五个熟悉：熟悉客户单位消防工作的各项制度和规定，熟悉重点要害部位，熟悉生产的产品和贮存的物资的性能，熟悉重点人员，熟悉自己的责任区和灭火器材存放位置。

女：据有关部门统计，凡是聘请你们公司保安人员的单位，98% 未发生过火灾，可见你们保安在消防工作中起了决定性的作用啊。

男：过奖了。我们保安实行 24 小时值班巡逻，保安人员责任心强，又接受过专门的训练，在预防火灾和扑救初起火灾中确实发挥了重要作用。

22. 问：保安公司在哪项工作中获得了荣誉？

23. 问：新保安人员要做哪一方面的实战训练？

24. 问：新保安人员能够上岗的条件是什么？

25. 问：保安人员的五个熟悉中有哪两个重点？

26 ～ 28 题是根据下面一段话：

有位商人做贷款生意，最近遇到一个客户，这个客户接到了一个小工程，可由于资金链紧张，没法进工程材料，于是找到商人所在公司借钱。可商人按规定查询客户个人征信时，发现他有一笔银行烂账未结清，这样贷款风险极高。客户眼见快到手的钱因资金不到位即将泡汤，还要付违约金，不禁愁容满面。

商人问："这个工程如果做完你能赚多少？"

客户说："刨去成本费用我能赚 10 万。"

商人说："我给你出个主意。你把工程直接交给供应商，10 万块的利润五五分成，你负责客户关系和施工，他负责材料，如果你能谈到三七或四六当然更好。"

客户觉得一下少赚 5 万难以接受。

商人劝他："贷款利息和手续费其实也不少，与其这样整天为钱奔波无结果，不如让别人也赚点儿。"

一个月后，客户上门感谢商人。原来工程已经结束了，他不仅一次性付清了违约金，还赚了 6 万块钱。供应商也很高兴，本来只赚材料的利润，结果又多赚 3 万。这件事还为两人下次合作奠定了良好基础。

让别人也赚钱是一种互惠双赢，也是未来共同发展的动力和前提。

26. 问：客户找商人借钱，商人是怎么做的？

27. 问：一个月后，客户为什么去感谢商人？

28. 问：这个故事告诉了我们什么道理？

29 ～ 32 题是根据下面一段话：

咖啡是很多人日常必备的饮品。咖啡中的咖啡因会刺激大脑皮质，消除睡意，提高感觉与思考力，可做调节心脏机能的强心剂，也有扩张肾脏血管和利尿等作用。通常情况下，一杯咖啡含咖啡因 60 ～ 65 毫克。如果摄取过多的咖啡因，容易发生耳鸣、心肌亢进及脉搏跳动不均，因此必须适量饮用咖啡。

清晨起床后喝一杯可以醒脑，白天工作时喝一口可提神，此时咖啡可稍浓。而餐后或晚间饮咖啡以略轻淡为宜。咖啡和茶都有提神醒脑的作用，但不适宜餐中伴饮，最好在餐后饮用。品咖啡时应搭配一杯白水，这样做有两个好处：第一，在品咖啡前先喝一口白水，冲掉口中异味，再品才会感受到咖啡的香醇；第二，由于咖啡的利尿功能，多喝白水可提高排尿量。这样，既品味了咖啡的美味，又不必担心上火，真是一举两得。

29. 问：什么时候适合喝浓咖啡？

30. 问：怎样才能品味到咖啡的香醇？

31. 问：关于咖啡对身体的好处，下列哪一项正确？

32. 问：根据这段话，下列哪一项正确？

33 ～ 36 题是根据下面一段话：

面条儿是一种历史悠久的大众食品，它起源于中国。中国的面食文化博大精深，面食种类繁多，十分美味。在众多的中国食品中，有不少传统的面食品已进入世界饮食文化的行列，如饺子、包子、面条儿等，面条儿更是其中的佼佼者。

在世界饮食文化中，几乎处处都能见到面条儿的踪迹。在意大利，每人每年消费大约三十公斤面条儿，被称为“通心粉”的意式美食，正是当年马可 · 波罗游历完中国回到意大利时介绍给当地的老百姓，并成了意大利的品牌食品的。日本的面条儿也是从中国传过去的，在日本也叫拉面，显然是由汉语音译过去的。印度尼西亚人管面条儿叫“mi”，是从闽南语“面”借译过去的，印度尼西亚还有一种著名的面叫“梭多面”，它实际上是一种牛肉或鸡肉汤面再掺上印度尼西亚特有的甜酱油、白醋及辣酱的小吃，吃起来又甜又酸又辣，相当美味。

33. 问：中国最突出的面食品是哪一种？

34. 问：叫拉面的食品是哪个国家的？

35. 问：马可·波罗是从哪个国家将“通心粉”带回意大利的？

36. 问：根据这段话，我们知道什么？

37 ～ 40 题是根据下面一段话：

1930 年的一天，清华大学教授刘文典专门到北大图书馆借校勘古籍用的参考书。他一进图书馆，便把书单给了一位年轻的管理员。只见书单上列的都是些珍贵的古书，末尾还备注着“为校注书籍所需，请馆长准予借取”。管理员不敢怠慢，赶紧去请示馆长。馆长担心这些古书外借会遗失，便让管理员找借口回绝了刘文典的请求。无奈，他只好闷闷不乐地离开了。

这时，管理员突然想到了什么，连忙抓起一张废纸，凭记忆把刚才的书单写了下来。之后，他一有时间就找来书单上的书学习，受益匪浅。这位年轻的管理员就是金克木，只有小学学历的他，靠着自学后来成了文学家。

多年后，金克木向刘文典提及此事，感谢道：“当年，我没有老师指导，也不知该读什么书，是您的书单给我指明了方向。”刘文典不解地问：“你怎么知道我的书单值得阅读？”金克木笑笑说：“您是大学者，肯为这些书专门跑一趟，当然值得读了。”刘文典这才知道，自己的书单竟然给金克木上了一堂无言之课，非常欣慰。

人生处处是学堂，关键在于你是否有一颗求学之心，乐于为求学而察微细思。

37. 问：刘文典为什么没有借到书？

38. 问：金克木为什么要记下刘文典的书单？

39. 问：金克木为什么觉得刘文典的书单值得读？

40. 问：这个故事告诉了我们什么道理？

听力理解考试到此结束。

答案（三）

一、听力理解

1. A	2. C	3. D	4. D	5. D	6. C	7. D	8. C	9. D	10. C
11. D	12. B	13. D	14. D	15. D	16. A	17. C	18. C	19. A	20. B
21. A	22. A	23. C	24. B	25. C	26. D	27. C	28. C	29. D	30. D
31. A	32. B	33. D	34. B	35. A	36. B	37. D	38. D	39. A	40. C

二、阅读理解

41. B	42. B	43. D	44. C	45. B	46. B	47. C	48. B	49. A	50. D
51. C	52. C	53. D	54. D	55. D	56. C	57. B	58. D	59. D	60. C
61. B	62. C	63. D	64. B	65. D	66. C	67. A	68. C	69. D	70. B
71. B	72. D	73. A	74. A	75. D	76. C	77. C	78. D	79. D	80. A

三、书面表达

81. B	82. A	83. C	84. B	85. A	86. C	87. A	88. A	89. A	90. A
91. C	92. D	93. D	94. A	95. D					

作文略

四、口语表达

二、回答问题

问题 1：企业家认为她是骗子。

问题 2:（仅供参考）

生活中被人误解是难免的。我们做事都不想引起别人的误解，可是有些时候，误解是不知不觉产生的，我们无法控制。误解势必会影响彼此的关系。有误解了，要正确面对，不能因为别人的误解就让自己与快乐划清界限。

我也有过被人误解的时候。有一次，班主任有事找我，打我电话始终没打通，他以为我是故意不接电话。其实，那次是我刚换了手机，还没来得及告诉班主任。好在事情不是很重要，班主任没找到我，就让别的同学去做了。事后我跟班主任做了解释。此外，同学之间的误解也时有发生，在班里，在宿舍，误解也是不断。有了误解不怕，只要诚心解释，因误解而产生的矛盾就很容易化解。

随着年龄的增长，我对如何面对和处理误解也有了自己的心得。当被别人误解的时候，我们只需要做回我们自己，坦然以对，必要的时候给予适当的解释，那么误解也许就能消除。不管是朋友的误解，还是亲人的误解，他们都与我们有着很深厚的情感基础，所以有了误解也不要太过担心，主动作为、真诚待人才是解决误解的正确方法。

模拟试题（四）

听力理解录音材料及答案

第 一 部 分

1. 女：今晚我妹妹一家请咱们吃饭，你忙完早点儿回来。
   男：今晚恐怕不行。我明天在教一楼有个讲座，得好好准备准备。
   问：男的最可能是做什么工作的？

2. 女：这种冰箱的功能倒挺先进的，就是能耗太大了。
   男：哪有冰箱不耗电的？这种电脑操控的是最新上市的产品，能耗已经很低了。
   问：男的是什么意思？

3. 女：你再去劝劝晶晶，也许你去了管用。
   男：你又不是不了解她的脾气，她向来都是说一不二。
   问：男的是什么意思？

4. 男：今天的这场电影太精彩了。
   女：可不是嘛，如今的电影拍的数量倒不少，可质量都一般。这部电影是个例外。
   问：女的认为这部电影怎么样？

5. 男：大星期天的，起这么早干什么？又不急着去赶集，商场十点才开门呢。
   女：我有点儿饿了，要不咱们先去吃点儿东西吧。
   问：女的打算去哪里？

6. 男：明天我们真的要去旅游吗？就不能再找个好点儿的日子？
   女：这还用问吗？明天不去哪天去啊？
   问：女的是什么意思？

7. 男：小丽，你看护士这个工作怎么样啊？
女：这还用问我？谁都知道护士整天忙得脚不沾地的，哪有时间照顾家呀？
问：女的认为护士的工作怎么样？

8. 男：你们昨天去爬山了吗？
女：去了，你没去真的太遗憾了。我们翻过了一座小山丘，发现漫山遍野都是五颜六色的山花，美极了。
问：女的对山花表达了什么态度？

9. 女：你看你，年龄也不小了，怎么个人问题还没有解决呢？
男：我现在还在读博士呢，等我毕业了，工作有个着落了再说。
问：说话人在讨论什么问题？

10. 女：你怎么又给孩子买玩具呀？
男：你又不是不知道，咱家那孩子见了玩具就走不动了。
问：根据对话，我们知道什么？

11. 男：我还想再考一次。我就不信，连小明都考上了，我还能考不上？
女：拉倒吧，人家小明天天用功，哪像你，就知道睡懒觉。
问：女的认为男的怎么样？

12. 女：看不出来，你做菜还真有两下子，比我可强多了。
男：哪里哪里，今天我有点儿班门弄斧了。
问：根据对话，我们知道什么？

13. 男：来一份香辣蟹怎么样？
女：香辣蟹虽然好吃又有营养，但这家的有点儿贵，而且口味儿偏辣。
问：女的是什么意思？

14. 男：我去超市买点儿香菇，你来做个香菇炖鸡怎么样？
女：真有你的，我怎么就没有想到呢？
问：女的对男的的建议持什么态度？

15. 女：马上该我上台演讲了，我这心里直打鼓。
男：别紧张，你把心态调整好。你就想，参与比结果更重要。
问：男的在干什么？

第 二 部 分

16 ～ 18 题是根据下面一段对话：

男：我右手食指和无名指已经麻了一个星期了，写不了字，也打不了字。

女：有没有头晕、乏力、胸闷或者下肢麻木的症状？

男：没有，但是单位体检结果说我血脂偏高，会不会跟这个有关系？

女：没有直接关系，你的症状很可能是手部神经受压迫所致。我给你开些药，你先吃一个星期看看，如果还麻的话，再来医院做检查吧。

男：谢谢大夫。我想顺便问一下，我这么瘦，血脂怎么会高呢？

女：血脂的高低和人的胖瘦没有直接关系，与你的日常生活方式有关。血脂偏高，对身体影响不是特别大，只要注意日常饮食，少盐少油，多吃蔬菜，少吃高脂肪食物，血脂水平是可以降下来的。此外，加强锻炼，不熬夜，养成良好的生活习惯也同样重要。

16. 问：男的为什么去看医生？

17. 问：男的的症状可能是什么导致的？

18. 问：女的说血脂高可能和什么有直接关系？

19 ～ 21 题是根据下面一段对话：

女：有时间吗？我想换份工作，想跟你商量商量。

男：换工作？你不是在美容中心干得好好的吗？

女：你不知道，我现在的公司正在裁员呢，我身边有几个同事已经陆续离职了。

男：已经通知你了吗？

女：目前为止还没通知我。可是近半年来，公司裁撤了很多部门，规模越来越小，三个月前一个很有资历的医师也离职了。这样的公司再干下去能有什么前途呢？

男：那得好好考虑考虑。我听说市中心维纳斯美容医院名气和规模都很大，你可以去那里碰碰运气。

女：太巧了，你说的这家医院我已经去过了。而且我要告诉你一个好消息，经过考核，他们认为我的护理技术还不错，希望我去他们那里工作。

男：这是好事啊，我们应该庆祝庆祝。

19. 问：女的原来在哪里工作？

20. 问：女的为什么要换工作？

21. 问：维纳斯美容医院为什么录用了女的？

22 ～ 25 题是根据下面一段对话：

女：您能说说您是怎样想到开一家自行车店的吗？

男：嗯，其实我一直喜欢修自行车和骑自行车。我之前在一家公司做销售，赚的钱也挺多的，可是几乎没有时间享受生活。那时我心里就想，等我赚够了钱，就自己开家店。现在，我有了自己的店，所有的时间都是我自己的了。我想什么时候营业就什么时候营业，想什么时候下班就什么时候下班。

女：您的店没有固定的营业时间吗？

男：不是的，正常营业时间是上午十点半到下午六点半，不过，要是顾客不多了，我就会提前下班。

女：那您有自己的员工吗？

男：当然了。我的几个朋友跟我一样喜欢骑自行车。顾客多的时候，我们一起工作；没有顾客的时候，我们就在一起打打扑克，聊聊天儿。

女：谢谢您接受我的采访。祝您生意兴隆。

22. 问：女的可能是什么身份？

23. 问：开店前，男的从事什么工作？

24. 问：男的为什么想要自己开店？

25. 问：关于自行车店里的人，我们知道什么？

26 ～ 28 题是根据下面一段话：

有关资料显示，住院的冠心病病人中男女数量差别显著，男女比例约为 2.55∶1，其中，急性心肌梗死患者的男女比例约为 4.75∶1，而且女性患者的症状大多较轻。为什么男性比女性更容易患冠心病呢？

原来，女性相对男性不易患冠心病的原因主要是和雌激素的保护作用有关。雌激素通过对血脂的影响，增加了高密度脂蛋白的含量，加速了乳糜微粒和低密度脂蛋白的清除，抑制了动脉粥样硬化的形成过程，也具有促使受损血管自我修复的作用，从而明显地降低了女性冠心病的发病率。科研工作者给家兔注射大量雌激素后发现，雌激素可以明显抑制动脉粥样硬化的形成和降低血脂。临床上如用乙烯雌酚治疗冠心病，则可改善症状和纠正血脂代谢紊乱。

26. 问：为什么女性不容易患冠心病？

27. 问：男女患急性心肌梗死的情况如何？

28. 问：给家兔注射雌激素后出现了什么结果？

29 ～ 32 题是根据下面一段话：

平日里，我们总是看到鱼儿在水里不停地游动，难道鱼类就不需要睡眠和休息吗？

其实，鱼也是需要睡眠和休息的。只是鱼在睡觉时，人们不易察觉罢了。鱼眼的构造与其他动物不同。脊椎动物睡觉时，都会把眼睛合上。但在全世界大约两万种鱼中，大部分鱼没有眼睑，有的鱼虽有眼睑，但透明而且不能活动。所以鱼即使在睡觉，眼睛也总是睁着的，因此这让我们很难判断鱼是醒着还是在睡觉。

鱼如果需要睡觉了，就会停止游动，静止在一个地方。睡觉时，鱼会缓慢而有节奏地扇动着鳃盖进行呼吸，鳍也会偶尔划动一下，以保持身体的平衡。鱼类睡觉的时间不长而且很警觉，好像人们打个盹儿似的。这是鱼类和其他低等脊椎动物在睡觉时的共同特性。

29. 问：为什么我们很难判断鱼是不是在睡觉？

30. 问：鱼睡觉的时候是什么样的状态？

31. 问：鱼睡觉的时候为什么鳍会偶尔摆动一下？

32. 问：鱼类和其他低等脊椎动物在睡觉时有什么共同特性？

33 ～ 36 题是根据下面一段话：

当孩子们第一次上学的时候，也就意味着一个时代即将结束。这时候，很多父母常常会感到兴奋中夹杂着一丝悲伤。可是对孩子们来说，这是一个新的冒险的开始，他们和新朋友玩耍、互动、分享，适应新的生活。当然，这并不是你教育孩子的开始，事实上，教育是从孩子出生时就开始的。在孩子上学前的那段时间，你可能是对你孩子最具影响力的老师，你的孩子在家里学到的东西比他们一生中其他任何时候学到的都要多。你的孩子会很自然地模仿你，所以让孩子看到你读书、享受书籍，而不是一味地沉迷于屏幕，这是很重要的。一个孩子上学后的一年可以整齐地分成三份：三分之一在学校与老师和同学相处，三分之一在床上睡觉，三分之一在家里与家人相处。不管学校的质量如何，孩子的家庭生活都是至关重要的。这是他们学业能否成功的决定性因素。你的孩子可能已经开始了一段新的旅程，但你的工作还远没有完成。

33. 问：孩子第一次上学时，父母的心情是怎样的？

34. 问：关于对孩子的教育，下列哪一项正确？

35. 问：为了教育孩子，父母应该做些什么？

36. 问：讲话中说决定孩子学业能否成功的关键因素是什么？

37 ～ 40 题是根据下面一段话：

肺是人体主要的呼吸器官，人体正常生理活动所需的氧气都是通过肺部气体交换而来的。氧气经鼻腔或口腔进入气管，再到达肺，最后入血。

皮肤的表面积很大，而且直接裸露，接触空气，那么皮肤能呼吸吗？研究表明，人的皮肤是能够进行呼吸的，但呼吸量很小，由皮肤吸收的氧气量不足肺吸收氧气量的 1%，因此不能满足人体正常代谢的需要。皮肤从外界吸收气体的主要途径是角质层。角质层在皮肤表面形成一层半透膜，在一定条件下，气体可通过与水分子结合的形式经细胞膜进入细胞内。

虽然皮肤呼吸不是人体呼吸的主要途径，但对某些动物而言却很重要。从生物进化的过程看，肺和鳔都是由体表向内折入而形成的，而鳃则是突向外部扩大而形成的。没有形成这些特殊呼吸器官的动物就靠皮肤来呼吸，如蚯蚓、水蛭等。即使已发展出特殊呼吸器官的动物也会同时有皮肤呼吸。如青蛙虽然可用肺来呼吸，但肺的进化尚不完善，所以还要通过湿润的皮肤溶解和吸收空气中的氧气来共同完成呼吸。青蛙长期闷在水里会被淹死，而如果青蛙的皮肤被太阳晒干，它也会因为失去皮肤的辅助呼吸功能而死亡。

37. 问：人体的主要呼吸器官是什么？

38. 问：为什么皮肤呼吸不能满足人体的需要？

39. 问：皮肤吸收气体的主要途径是什么？

40. 问：既依靠肺又离不开皮肤呼吸的是哪种动物？

听力理解考试到此结束。

答案（四）

一、听力理解

1. B	2. A	3. C	4. D	5. D	6. B	7. D	8. B	9. D	10. A
11. C	12. C	13. A	14. A	15. C	16. C	17. B	18. A	19. D	20. B
21. C	22. A	23. A	24. D	25. C	26. B	27. B	28. C	29. C	30. A
31. B	32. C	33. D	34. B	35. D	36. C	37. A	38. B	39. C	40. D

二、阅读理解

41. C	42. A	43. B	44. A	45. A	46. B	47. A	48. A	49. B	50. B
51. A	52. D	53. B	54. B	55. D	56. A	57. D	58. A	59. D	60. C
61. C	62. D	63. D	64. A	65. D	66. D	67. B	68. D	69. C	70. D
71. C	72. C	73. A	74. C	75. C	76. A	77. D	78. C	79. D	80. D

三、书面表达

81. B	82. B	83. A	84. C	85. B	86. A	87. D	88. A	89. A	90. C
91. D	92. B	93. D	94. D	95. C					

四、口语表达

二、回答问题

问题 1：

罗丹气得一下子摔掉了手中的雕刻刀。

问题 2：（仅供参考）

在我看来，诚信就是讲信用，是立人之本。在现代社会中，我们难免会碰到一些不讲诚信的人和事。

约好了几点见面，却遭遇对方临时变卦；说好了保质保量完成任务，结果却漏洞百出……生活中这种不诚信的行为比比皆是，有时令人十分生气。那些不讲信义的人为了自身的利益，毫无羞耻地丢掉了人与人之间最重要的东西——诚信。设想一下，人如果没有了诚信，那人与人之间还有什么信任可言？

相信大家都听说过《端着空花盆的男孩儿》这个故事吧？故事讲的是一个国王把种子煮熟后分给孩子们种，并承诺：三个月后，谁能种出最美丽的花，谁就是国王的继承人。

众所周知，煮熟的种子根本不可能种出花来。结果三个月后，孩子们都端着美丽的花来到了国王面前，人群中只有一个孩子伤心地端着空花盆。可令他没想到的是，国王最后宣布将王位传给了他。这个故事很好地诠释了到底什么是诚信。

正如孔子在《论语》中说的："人而无信，不知其可也。"因此，我们在日常生活中要讲诚信，把这种优良传统美德传承下去，这样我们的社会才会越来越好。

模拟试题（五）

听力理解录音材料及答案

第 一 部 分

1. 男：离起飞还早着呢，我们去候机室坐一会儿吧。
   女：我肚子饿了，还是先去餐厅吃点儿东西吧。
   问：对话最可能发生在哪里？

2. 男：太热了，羽绒服穿不住了，明天我得换衣服了。
   女：可不是嘛。眼看冬至了，这天气不但不冷，反而热起来了。
   问：女的是什么意思？

3. 男：你怎么这种态度？太没素质了！我要去投诉你。
   女：投诉就投诉呗，没什么大不了的，反正我是照章办事。
   问：女的是什么态度？

4. 男：这段时间真把我忙坏了，上课、申报课题、论文答辩，哪一样都不能放松。
   女：要注意身体呀，你可是咱们全家的顶梁柱。
   问：说话人最可能是什么关系？

5. 男：真不知该怎么感谢您，要不是您报道了这家店欺骗顾客的行为，还不知有多少人要上当受骗呢。
   女：不必这么客气，这是我应该做的。
   问：女的最可能是做什么的？

6. 女：足球和篮球你更喜欢看哪一个？
   男：各有千秋，足球有气势，篮球更激烈。

问：男的喜欢看足球还是篮球？

7. 女：你明天上午怎么又要出差？最近出差太频繁了。
男：这个项目到了攻坚阶段，需要解决的问题很多。我作为负责人，必须亲自监督。
问：根据对话，我们知道什么？

8. 男：你这是怎么了？脸色苍白，赶快坐下休息一会儿。
女：没什么大碍，昨天检查有点儿贫血，所以偶尔会有点儿头晕。
问：女的怎么了？

9. 女：天气渐渐暖和了，明天咱们一起去郊外春游怎么样？
男：好是好，就是我没有合适的运动鞋，要不你先陪我去买双鞋吧。
问：男的是什么意思？

10. 女：今晚我要值夜班，可不巧孩子病了，我这心里七上八下的，真是放心不下。
男：要不咱俩换个班吧，我是后天值班，今晚我先替你值。
问：男的为什么要和女的换班？

11. 男：妈妈，还没干完吗？我去帮帮你吧。
女：你还是老实待着吧，来了也只能帮倒忙。
问：女的是什么意思？

12. 女：星期六在体育馆有大学生专场招聘会，听说有很多知名大企业。
男：我已经决定了，先读研究生，本科生就业优势相对较小。
问：男的接下来可能会怎么做？

13. 男：家和万事兴，没有家庭和睦，哪有事业兴旺呢？
女：你这话说到我心坎里了，可不就是这个理。
问：女的是什么态度？

14. 男：今天的午餐太丰盛了，红烧鱼、大盘鸡、手抓羊肉，这些都是我的最爱。
女：别总是大鱼大肉的，还是多吃点儿蔬菜水果更健康。
问：根据对话，我们知道什么？

15. 女：我妈总是唠唠叨叨的，有时候跟她怎么也解释不清。
男：知足吧。等你有了孩子，你就不这么想了。
问：男的在做什么？

第 二 部 分

16 ～ 19 题是根据下面一段对话：

女：师傅，去自然博物馆。

男：好嘞，请系好安全带。看样子，您是来旅游的吧？

女：是啊。带孩子来首都看看。

男：现在的孩子真幸福啊，这么小就见世面了。

女：是啊。就是这暑假走到哪儿都人山人海，热得人喘不过气来。

男：您是赶上高峰期了。

女：唉，都是为了孩子，不然我真不愿凑这个热闹。

男：做父母的都一样。不过您不会后悔的，读万卷书还得行万里路嘛！

女：师傅，您可真会说话。

男：只要乘客满意，我就开心了。

16. 问：女的要去哪儿？

17. 问：女的在什么时间去旅游的？

18. 问：男的认为旅游有什么好处？

19. 问：女的在旅游中遇到了哪些困难？

20 ～ 22 题是根据下面一段对话：

男：大夫，我什么时候可以出院？

女：别急，明天再化验一下，各项指标达标就可以出院了。

男：那太好了！天天躺在病床上快把我闷死了。

女：你的胃切除了一半，出院后一定要注意，生活要规律，饮食要健康。

男：医生，这次我一定吸取教训，说什么也不能再喝了，不能拿自己的生命开玩笑啊。

女：明白了就好，健康要储存，不能透支，否则后悔莫及呀。

男：是啊，我这还上有老、下有小，全家人都指望我呢。

女：那就更要爱惜自己了。

男：没错，谢谢大夫。

20. 问：男的什么时候可以出院？

21. 问：男的最可能是因为什么生病住院？

22. 问：男的最可能处于什么年龄段？

23 ～ 25 题是根据下面一段对话：

男：李老师，您好。

女：你好，快进来吧。

男：李老师，明天我就要出发去北京了，今天特意来向您告别。

女：祝贺你考上了理想的大学。

男：这都要归功于您这几年来对我的培养。没有您的鼓励，我可能早就半途而废了。

女：这和你自己的努力也分不开。上了大学以后可不能松懈，大学不是学习的终点，而是一个新的起点，会有更多挑战，你可要做好心理准备呀。

男：记住了。大学要学习专业知识，还要开始独立生活，想起这些，我是又高兴又害怕。

女：困难一定少不了，但我相信你有能力克服。到时候你也可以给我打电话，我会尽力为你排忧解难的。

男：那太感谢您了，李老师。时间不早了，我得走了。

女：好，祝你一路顺风！

23. 问：男的为什么去李老师家？

24. 问：男的认为如果没有李老师的鼓励，他会怎样？

25. 问：男的认为上大学后有什么挑战？

26 ～ 28 题是根据下面一段话：

萝卜品类多，烹调方式各异，有的适合烧、炖，有的适合炒，有的只可凉拌。

心里美适合做凉菜，削皮切丝，加上盐和醋，拌匀，上桌；或者在萝卜丝上撒两勺糖，糖拌心里美，甜脆爽口；也可切片，用酱油汤浸泡，随捞随吃，既能佐粥，又能下酒；削下来的萝卜皮，浇上辣椒油，也是一道好凉菜。

白萝卜可做凉菜，也可热吃。擦丝撒盐杀出水，撒上花椒油，是凉拌白萝卜丝；滚刀切块下高汤调味儿出锅，是许多餐厅都有的养生萝卜盅，与牛、羊排骨同炖也是极好的。

红萝卜敦实饱满，适合切条炒着吃。小水萝卜外红内白，拍碎凉拌，脆爽甘甜。胡萝卜做凉菜要先焯熟。

青萝卜在萝卜家族中能超越蔬菜进入水果行列。青萝卜主产地在山东潍坊和天津。山东菜有用青萝卜擦丝炒食的，但真正好的青萝卜不需要特别加工，切条直接食用也很美味。

26. 问：心里美萝卜有几种吃法？

27. 问：白萝卜与哪种肉一起炖最好？

28. 问：哪种萝卜可以进入水果行列？

29 ～ 32 题是根据下面一段话：

我们为什么会笑？笑是一种跨越语言、地理、文化甚至物种的共同表情，是的，猿猴、猩猩甚至老鼠也会笑。下次在你大笑的时候，不妨好好观察一下镜中的自己，你会发现，笑是一件挺奇怪的事情。

首先，一个人笑的时候会牵涉面部表情、声音、肢体动作的变化，甚至连呼吸模式都得调整。其次，笑是无意识的。笑不是你可以决定做或者不做的事情。笑很难假装，即使假装，也很容易被识破。科学家还发现，我们笑得最多的时候往往跟笑话或幽默没什么关系，而是和别人在一起的时候。也就是说，笑是一种社会情绪，承担着某些重要的社交功能，比如表达情感、交流、合作、化解尴尬等。而且，笑还会传染。

笑至今仍然是科学家理解得最少的人类行为之一，还有很多问题等着科学家去研究，比如：引发笑的具体脑机制是什么样的？笑是如何进化来的？为什么我们对挠痒痒这么敏感？等等。

29. 问：为什么说笑是一种共同表情？

30. 问：人笑的时候，哪里不会发生变化？

31. 问：关于笑，下列哪种说法正确？

32. 问：为什么和别人在一起的时候人们笑得最多？

33 ～ 36 题是根据下面一段话：

望子成龙是天下父母的共同心愿，因此很多父母很早就开始对孩子进行智力开发，让孩子识字阅读等。然而大多数父母忽略了重要的一点——身体健康。假设你的孩子确实是一名神童，智力超常却体弱多病，试问神童可以维持多久？

常言道，身体是革命的本钱。可惜的是真正领悟此话真谛的人不多，许多人到了中年以后，因身体不好才明白了其中的深刻含义。健康第一的道理虽易懂，做起来却不容易。“革命”需要身体，赚钱需要身体，娱乐需要身体，过日子也需要身体。本钱是要投入的，不论做任何事，都需要把身体这个“本钱”投进去。若要身体好，基础要打牢。儿童时期正是训练良好体能的关键时期，从儿童生长发育和人才成长的规律来看，儿童早期教育把体育放在首位是比较科学和恰当的。试想，若一味地只强调智力开发和阅读识字，就可能导致儿童身心发展的自然生态平衡错位。没有强壮的体能，如何承担日后繁重的学业和事业？

从生理发育上看，孩子 1 ～ 7 岁是身体和大脑发育最快的时期，需要充足的营养和活动量。因此让孩子多自由活动，偶尔搞得浑身是汗、一身乌黑也无妨。冬天适当冻一冻，夏天适当熬一熬，也许会给孩子的健康积累一笔财富。

33. 问：根据这段话，望子成龙的父母最重视什么？

34. 问：大多数父母在孩子的教育中忽略了什么？

35. 问：根据这段话，儿童早期教育把什么放在首位比较科学？

36. 问：什么时期是身体和大脑发育最快的时期？

37 ～ 40 题是根据下面一段话：

根据《上海市餐饮服务不得主动提供的一次性餐具目录》，餐饮服务者不得主动向消费者提供目录内的一次性餐具，包括一次性筷子、调羹、叉子、刀等四类餐具。

新规实施进入倒计时，记者走访了上海多家餐馆、咖啡店，发现各家店铺已提前进入状态。在上海市闵行区一家便利店，工作人员表示，目前店内依然会储备筷子等一次性餐具，但只有当顾客提出明确需求时才会提供给消费者。

限制提供的不止这四类一次性餐具。上海市徐汇区一家咖啡店的工作人员表示，目前店内的一次性塑料吸管已更换为纸质吸管。除非顾客提出明确需求，否则纸质吸管也不会主动提供。

相比到店服务，新规给外卖行业带来的影响更大。在上海市徐汇区一家西餐店，收银台工作人员打印出的一张外卖小票底部显示：“叉子两个，吸管一根。”工作人员解释称，消费者在外卖平台下单时会收到提示，须标注出所需餐具数量。“如果没有标注，就默认这份外卖不需要我们提供一次性餐具。”

37. 问：餐饮服务者不得主动向消费者提供什么一次性餐具？

38. 问：上海闵行区的一家便利店在什么时候提供一次性餐具？

39. 问：上海徐汇区一家咖啡店不再向顾客提供什么餐具？

40. 问：上海徐汇区一家西餐厅的外卖业务在什么情况下可以提供一次性餐具？

听力理解考试到此结束。

答案（五）

一、听力理解

1. B	2. D	3. D	4. B	5. C	6. C	7. A	8. D	9. C	10. D
11. C	12. C	13. A	14. D	15. A	16. B	17. A	18. B	19. D	20. D
21. D	22. C	23. A	24. C	25. D	26. D	27. D	28. C	29. D	30. B
31. C	32. D	33. C	34. A	35. D	36. A	37. B	38. D	39. D	40. D

二、阅读理解

41.A	42. A	43. C	44. B	45. B	46. C	47. A	48. B	49. A	50. B
51. D	52. D	53. A	54. A	55. D	56. C	57. D	58. C	59. D	60. D
61. B	62. D	63. D	64. D	65. A	66. B	67. D	68. B	69. C	70. D
71. D	72. D	73. B	74. D	75. C	76. A	77. D	78. D	79. C	80. D

三、书面表达

81. C	82. D	83. C	84. C	85. D	86. B	87. C	88. A	89. D	90. C
91. D	92. C	93. D	94. D	95. D					

四、口语表达

二、回答问题

问题 1：

丈夫发现妻子正在津津有味地吃着蛋黄。

问题 2：（仅供参考）

人与人之间的沟通非常重要。因为人都是生活在社会中的，孤立的人是不存在的。只有通过沟通合作，我们才能生存、生活下去。

首先，在学习和工作中我们离不开沟通。学习本身就是一种交流和沟通，这种交流和沟通越顺畅，我们在学习中的收获就会越大。善于和老师沟通，善于和同学沟通都可以帮助我们更好地向老师学习，与同学相处，从而使学习效果最大化。反之，如果我们不善于沟通，使自己处于相对孤立的处境，即使再聪明也很难出类拔萃。将来我们走上工作岗位更要善于沟通，而且还要学会与不同年龄、不同身份的人沟通，沟通能力强的人更容易获得帮助，从而更容易在事业上有所成就。

其次，在生活中，我们与亲朋好友相处也离不开沟通。因为缺乏沟通造成家庭矛盾，甚至酿成悲剧的不在少数。夫妻之间，亲子之间，好友之间都需要沟通，只有及时顺畅地沟通，才能促进双方相互理解，从而彼此宽容以待，和谐相处，幸福生活。

总之，要想更好地生存和生活，必要的沟通不可或缺，因此我们每个人都需要学习沟通的技巧，增强沟通能力。

模拟试题（六）

听力理解录音材料及答案

第 一 部 分

1. 女：你看，今天上映的都是老片子，要不咱们先去三楼买衣服吧。
   男：没事，随便看一个就行。好不容易放假了，放松放松嘛。
   问：对话最可能发生在哪里？

2. 男：最近你是越来越苗条了，是在减肥吗？
   女：我忙得要命，连饭都吃不上，我倒是想去健身房放松放松呢。
   问：女的最近怎么了？

3. 男：下辈子我再也不当记者了，当记者压力太大了。
   女：你以为干别的就没有压力了吗？歌词里不是说“没有谁能随随便便成功”吗？
   问：女的是什么意思？

4. 男：今天天气不错，飘着几朵白云，又不晒，还刮点儿小风。
   女：谁说不是呢，根本就不像广播上说的那样。
   问：女的认为今天天气怎么样？

5. 女：你给丽丽打电话了吗？她明天到底跟不跟咱俩去上海？
   男：她说明天来不及了，她让小王跟我们去，她晚两天到。
   问：明天几个人去上海？

6. 男：我想再逛逛，后天再回。回去的时候给你买什么礼物好呢？
   女：老夫老妻的了，送什么礼物啊。你平平安安回家就是最好的礼物了。
   问：说话人最可能是什么关系？

7. 女：幸亏你告诉了我，要不然我就白跑一趟了。真是太感谢你了。
男：跟我还这么客气，咱俩谁跟谁啊？
问：男的是什么意思？

8. 女：你最近脸色不太好啊。要是太累了，就换一份别的工作吧。
男：这工作虽然辛苦，钱也不多，可还算稳定。再说我没什么学历，还能找到什么好工作？
问：根据对话，下列哪一项正确？

9. 女：我上个星期刚从四川回来，那里简直热死了。
男：四川就热死了？你去海南试试。
问：男的是什么意思？

10. 女：师兄，我太羡慕你了！你一毕业就找到了这么好的工作，也不知道我将来的命运会如何。
男：不用羡慕我，等你毕业了也会找到一份好工作的。
问：根据对话，下列哪一项正确？

11. 女：我家老王对唱歌、跳舞、打麻将都没有兴趣，只对养花情有独钟。
男：那敢情好啊，这样退休后的日子就不寂寞了。
问：根据对话，下列哪一项正确？

12. 男：我听说北方人喜欢吃面，你怎么天天吃米饭啊？
女：可能是我在南方待的时间比较长，已经习惯了。
问：关于女的，下列哪一项正确？

13. 男：我以为你睡着了，就没有叫你起来接电话。
女：你接电话的声音那么大，我能睡着才怪呢！
问：女的怎么了？

14. 女：请问我还要注意些什么？
男：你回家后还不能上班，需要静养一段时间，除了要按时吃药之外，还要加强营养，这样才可能尽快康复。
问：说话人最可能是什么关系？

15. 女：你还是骑车去吧，拿这么多东西走着去，再走着回，多累啊。
男：累什么啊？我一个小伙子，这么点儿活儿还能累着？
问：男的是什么意思？

第二部分

16～18题是根据下面一段对话：

女：您好，朴教授。我是王娟，您还记得我吗？我们去年在首尔的研讨会上见过面。

男：你好！很高兴再次见到你。

女：这是您第一次来上海？

男：我20年前来过一次。

女：现在的上海和以前不一样了吧？

男：上海的变化太大了，我简直都认不出来了。原来的老房子都看不到了。你看这一栋栋高耸入云的现代化高楼和一片片整齐的新式公寓楼群，真壮观啊！

女：是的，市政府花了很大力气来改善上海的基础设施，尤其是城市交通网的建设。

男：是啊，这点我看出来了，道路比以前宽多了。不愧是国际大都市啊！

女：我们到了，下车吧。

16. 问：说话人是第几次见面？

17. 问：男的最可能来上海做什么？

18. 问：对话最可能发生在哪里？

19～21题是根据下面一段对话：

女：当一个孩子中学毕业的时候，您希望他身上能具备哪些基本素质？

男：我是一个理想主义者，我把我的理想也寄托到我的学生身上了。中学毕业一般是十七八岁，我希望他们首先要有志向、有抱负、有社会责任感，也就是在思想上能比较成熟；其次，要有良好的心理素质，勇敢、诚信、有担当；第三，我希望他们是健康的年轻人，有很强的适应性，很强的生存能力；第四，要有很好的学业基础，但我更强调的是思维能力、理解能力和分析能力。

女：您的希望对一个十几岁的孩子来说是不是有些高了？

男：我想不是。十几岁正是最有可塑性的时候，如果老师、家长能在这方面要求他们，他们就能往这方面发展。中学阶段是一个人成长最关键的阶段。

19. 问：下列哪一项不是男的提到的中学生应该具备的心理素质？

20. 问：男的强调的能力中不包括哪一项？

21. 问：男的认为孩子在成长过程中哪个阶段最关键？

22～25题是根据下面一段对话：

女：您如何看待网友对这部电视剧的质疑？

男：我觉得观众有这样的反应很正常，特别是对这种现实题材的电视剧。每个人对于生活、人际关系和家庭关系的理解都不一样。

女：您演了不少儒雅的角色，害怕自己被定型吗？

男：不会。因为首先我没有局限在某一种表演状态里，我会尝试不一样的角色。其实我之前还演了很多不一样的角色，可能近期大家关注的这几个角色都比较儒雅。

女：现在的工作状态和职业目标是什么？

男：现在我的状态挺好的。这个时期就是努力吧，争取塑造出更多更好的角色给大家。我希望自己能一直保持对表演的热爱。

女：获得极高的关注度后，您会感到迷茫吗？

男：刚开始的时候比较迷茫，但后来还好。我觉得演员有观众关注是一件特别幸福的事情。要不然我们演给谁看？

22. 问：男的可能是做什么工作的？
23. 问：在这部电视剧中，男的演的是什么类型的角色？
24. 问：男的的职业目标是什么？
25. 问：男的认为获得观众关注是什么感觉？

26 ～ 28 题是根据下面一段话：

在现实生活中，不少家庭为了防止居室充满污浊空气，往往用空气清新剂来除臭。单从名字上看，空气清新剂应该能使空气清洁、气味清新，其实不然。空气清新剂名不副实，它其实是靠香味来遮掩异味，并不能真正改善空气的质量。它本身就是一种污染物质，会在遮掩异味的同时引入新的污染物，如氟利昂等。

研究发现，带有某种香气的溶剂被人体吸收后，会很快侵入神经系统，使人产生镇静感。专家分析，这种药效与镇静剂相近，当嗅者体验到某种快感后会产生精神依赖。成瘾者选择自己喜欢的溶剂，强制性地每日重复吸入，容易引起慢性中毒。

因此，专家建议，除非特殊需要，应尽量减少空气清新剂的使用，尤其在日照强烈，易于生成臭氧的夏秋季节。当然，专家也特别强调，并不是市面上所有的空气清新剂都有毒害作用。

26. 问：空气清新剂的本质是什么？
27. 问：带有某种香气的溶剂被人体吸收后，会影响人体的哪个系统？
28. 问：这段话给我们的建议是什么？

29 ～ 32 题是根据下面一段话：

快递员将快递包裹送到住宅小区的智能快递柜中，给收件人发送取件短信。收件人经过手机查询—输入密码—开门取件三个步骤，便可将快递包裹从智能快递柜中取出拿回家去。这种方式越来越受到居民和快递员欢迎。中国快递协会常务副会长李惠德说，目前出现的一些智能快递柜代表着未来中国快递业的发展方向——智能快递，即通过引入信息化、大数据分析等现代化手段，以更加便捷的智能设施和手段满足高密度、高成本、高人力的现代快递工作的需要，通过建设社区的智能快递站为消费者服务。

智能快递站模式可以 24 小时为居民提供服务，减少交通拥堵，未来还可以变成独立的智能账户，市民在家中就可以完成各种邮政业务及其他社区服务的操作。专家认为，相比传统模式，智能快递柜有多个优势。首先是它可以连接各个快递公司，其次是可以做到 24 小时服务，第三是有摄像头可以减少纠纷，第四是价格低廉。

29. 问：收件人在小区的智能快递柜取件需要几个步骤？
30. 问：根据这段话，智能快递柜代表着什么？
31. 问：相比传统模式，智能快递柜的优势不包含下列哪一项？
32. 问：这段话主要讲了什么？

33 ～ 36 题是根据下面一段话：

很多人都知道，有一些习惯，如喝浓茶、吸烟、喝酒等，都会影响人体对钙的吸收和利用，从而导致人体钙的缺失。鲜为人知的是，吃大鱼大肉也容易阻碍人体对钙的吸收。

原因何在？主要是因为摄入过多的蛋白质会增加尿钙的排泄。饮食中适量的蛋白质有助于钙的吸收，但过量的蛋白质会增加人体 24 小时尿钙定量，也就是加速钙的流失。有研究表明，蛋白质摄入每增加 50 克，钙的排出量就会增加 60 毫克。一般来说，一个成年男性每天的蛋白质摄入量应在 65 克左右，成年女性则为 55 克左右。但瘦肉中蛋白质含量较为丰富，每 50 克瘦肉中就有约 9 克蛋白质。因此，如果经常大量吃肉，就会导致膳食结构中蛋白质总量超标，从而增加钙流失的风险。

不仅摄入过多的蛋白质会影响钙的吸收，摄入过多的脂肪也会影响钙的吸收。大部分家禽的肉类食物中既含有大量蛋白质，同时也有许多脂肪。吃太多的肉，人体会摄入大量的脂肪，脂肪酸会与钙结合形成不溶性的钙盐，从而影响人体对钙的吸收。

33. 问：有助于促进钙吸收的习惯是什么？

34. 问：一个成年女性每天的蛋白质摄入量应为多少？

35. 问：根据这段话，人如果经常大量吃肉，会给人体带来怎样的变化？

36. 问：为什么摄入过多的脂肪会影响钙的吸收？

37 ～ 40 题是根据下面一段话：

倒过来思考是一种很有意思的思考方式，它能改变我们传统的思维习惯，带给我们有益的人生启示，使我们身心舒畅。

钱钟书先生在《围城》中讲过一段十分有趣的话，说天下有两种人：一串葡萄到手后，第一种人先挑最好的吃，另一种人则相反，把最好的留在最后吃。但这两种人都不快乐，前者认为他的葡萄越来越差，后者则认为他吃的每一颗都是剩下的葡萄中最坏的。

我不同意这种观点，我认为后一种人应该快乐。因为他吃到的越来越好，他应该一刻比一刻活得更有味道。这就好比晋代的画家顾恺之，顾恺之吃甘蔗的时候，总是倒过来吃，从根端开始吃。人们觉得奇怪，问道："你为什么倒着吃呢？"顾恺之幽默地说："嘿嘿，这样吃的话，可以渐入佳境。"从差一点儿的地方开始，慢慢品尝生活的甘美，看来顾恺之早已领悟出倒过来吃的好处了。

人生就好比一串葡萄，或者一根甘蔗，如果你先拣好的吃，那就意味着你的日子越来越枯燥，越活越没甜头。最好的做法是倒过来，循序渐进，渐入佳境，越活越有滋味。

当然，我不是强迫谁一定要倒过来思考或做事，而是要提倡一种积极的心态。在有些情况下，我们应该有倒过来思考的意识，赶走生活中的苦闷，让快乐永驻心间。

更大的甜头在前方呢，让我们一起渐入佳境吧！

37. 问：在钱钟书的《围城》中，第一种人是怎样吃葡萄的？

38. 问：说话人认为哪种人更快乐？

39. 问：顾恺之吃甘蔗是从哪儿吃起的？

40. 问：说话人在最后提倡什么？

听力理解考试到此结束。

答案（六）

一、听力理解

1. C	2. A	3. C	4. B	5. B	6. B	7. A	8. D	9. C	10. B
11. B	12. A	13. B	14. B	15. A	16. B	17. D	18. B	19. A	20. D
21. C	22. B	23. D	24. A	25. C	26. A	27. C	28. C	29. C	30. C
31. C	32. D	33. D	34. C	35. D	36. D	37. C	38. D	39. C	40. C

二、阅读理解

41. C	42. C	43. B	44. B	45. A	46. C	47. A	48. B	49. D	50. D
51. A	52. C	53. B	54. B	55. D	56. A	57. A	58. D	59. C	60. D
61. C	62. C	63. B	64. D	65. D	66. C	67. D	68. D	69. D	70. C
71. A	72. B	73. C	74. A	75. A	76. D	77. C	78. A	79. C	80. C

三、书面表达

81. C	82. B	83. A	84. D	85. A	86. B	87. A	88. C	89. C	90. B
91. C	92. C	93. D	94. D	95. B					

四、口语表达

二、回答问题

问题 1：
因为孩子年龄小，两天一晚的行程，孩子不会觉得累，大人也能得到放松。

问题 2：（仅供参考）
从小，我的爸爸妈妈在暑假就会带我去各地旅游。

现在，人们的生活越来越好，逢年过节除了和亲人、朋友团聚，也会选择亲子游。旅行最大的意义就是能有好心情，可以品尝各地不同的美食，结识不同的人，使全身心得到放松。而带孩子出行，就更有意义了：

首先，在旅行中，爸爸妈妈不用考虑工作，可以全身心地陪孩子。一场好的亲子游，可以让孩子和父母更加亲近。

其次，孩子在旅行的过程中可以接触到许许多多的新事物。读万卷书固然重要，但是行万里路能让孩子们了解书本之外的知识。

再次，旅行途中，家长和孩子要一起面对陌生的环境，遇到陌生的人，共同解决问题，在这里，一家人是一个团队的概念得到强化，家长和孩子都更能体验美好的归属感和对彼此的依赖感。

最后，旅途中不仅有难忘的美景，而且还会发生很多奇妙的事情。孩子能记住旅行中的很多美好体验，比如他曾经在海边捡贝壳，在沙漠里玩儿沙子，与爸爸一起爬上高高的山顶看日出……而这些，都可能成为孩子美好的回忆，甚至是影响孩子性格的重要原因。

愿所有的父母，都能放下工作、放下手机，陪孩子来一次爱的旅行。